影视艺术与传媒应用型教材
戏剧与影视学学科系列教材

融媒体视频编辑教程

RONGMEITI SHIPIN BIANJI JIAOCHENG

杨新波　刘　丽　靳文雅/主　编
王彤霞　冯婷婷　武卫卫/副主编

北京师范大学出版集团
BEIJING NORMAL UNIVERSITY PUBLISHING GROUP
北京师范大学出版社

图书在版编目（CIP）数据

融媒体视频编辑教程/杨新波，刘丽，靳文雅主编. —北京：北京师范大学出版社，2021.12
（影视艺术与传媒应用型教材）
ISBN 978-7-303-27449-9

Ⅰ.①融… Ⅱ.①杨… ②刘… ③靳… Ⅲ.①视频编辑软件—高等学校—教材 Ⅳ.①TN94

中国版本图书馆 CIP 数据核字（2021）第 237440 号

营　销　中　心　电　话　010-58807651
北师大出版社高等教育分社微信公众号　新外大街拾玖号

RONGMEITI SHIPIN BIANJI JIAOCHENG
出版发行：北京师范大学出版社　www.bnup.com
　　　　　北京市西城区新街口外大街 12-3 号
　　　　　邮政编码：100088
印　　刷：天津旭非印刷有限公司
经　　销：全国新华书店
开　　本：787 mm×1092 mm　1/16
印　　张：13.25
字　　数：272 千字
版　　次：2021 年 12 月第 1 版
印　　次：2021 年 12 月第 1 次印刷
定　　价：49.80 元

策划编辑：周　粟　李　明　　　责任编辑：孟　浩
美术编辑：李向昕　　　　　　　装帧设计：李向昕
责任校对：康　悦　　　　　　　责任印制：马　洁

内容简介

　　本书系统介绍了融媒体背景下视频剪辑的基本方法和技巧，内容包括剪辑的基础知识、新闻类视频剪辑、采访类视频剪辑、短视频剪辑。

　　本书以了解和掌握剪辑基础知识和基本技能操作为基础，结合案例来综合讲解，通过实际操作使学生快速掌握剪辑软件的使用技能，了解剪辑设计思想。书中的案例多取自学生的剪辑作业以及电视台栏目制作，接近学生的思维，利于学生的学习。

　　本书可作为专业院校后期剪辑专业课程教材，也可作为自学人员的参考用书。

前　　言

　　本书是作者根据多年的教学经历编写的，从最基础的剪辑知识讲起，对每个细节解释透彻，在讲解各个知识点时结合了大量精心挑选的完全对位的作品案例，使学生能较快理解和掌握抽象的理论知识。对于有剪辑基础的学生，本书通过案例练习，使其剪辑水平能得以进一步提高。

　　本书对操作步骤和操作方法的讲解力求细致，以便学生理解和掌握。以实际案例进行综合练习，使学生能够在实践动手操作中轻松掌握剪辑技巧。视频效果和色彩校正部分以图解的形式展现，便于学生进行有针对性的学习。本书吸取了多位一线教师所提出的相关建议并根据学生的反馈，力求教学有新意。

　　本书分为五章，分别对剪辑的基础知识、新闻类视频剪辑、采访类视频剪辑、短视频剪辑进行介绍。本书的主编为杨新波，各章分工如下：刘丽负责第一至第二章的编写；靳文雅负责第三章的编写；杨新波负责第四章的编写；王彤霞负责第五章的编写；冯婷婷负责本书的统筹工作。参与本书编写工作的还有张孟军、那鑫、杨东伶、薛立磊、杨雪梅、王天雨、吴英昊、魏世伟、付超、武卫卫、黄景志等。我们在编写过程中得到许多教师的帮助，还选用了一些学生作业素材，在此一并表示感谢。

　　编写过程力求完美，由于时间仓促、能力及水平有限，不足之处在所难免，欢迎批评指正，提出宝贵的建议。

　　本书配有光盘，包括书中使用的案例视频素材以及效果文件，方便学习对照使用。

目　录

第一章　剪辑概述

一、剪辑的基本概念

剪辑是对声像素材进行分解重组的工作。随着科技的进步、移动互联网的快速普及，剪辑不再限于影视制作，网络视频、手机短视频也广泛应用了剪辑技术。剪辑是将视频作品制作中所拍摄的素材，经过选择、分解与组接，最终完成一个连贯流畅、含义明确、主题鲜明并有艺术感染力的作品。剪辑是影视制作过程中不可缺少的步骤，是影视后期制作中的重要环节。

学习音视频剪辑，需要掌握一些必要的音视频剪辑的基础理论知识和常用的音视频剪辑基础术语。理论知识的学习对实际技术的掌握能够起到事半功倍的效果。

二、音视频剪辑的基础理论知识

(一)后期剪辑类型

随着科技的进步，摄影摄像设备的便携化、数字化以及手机的智能化，音视频作品的制作已经不再是专业影视公司的专属，越来越多的人参与到音视频作品的制作队伍中来。近年来，音视频作品呈现出了多样化的趋势，除了电视电影之外，在广告、网络媒体、游戏、手机应用等领域得到了广泛的应用。从影像存储介质来看，影视剪辑技术经历了胶片剪辑、磁带剪辑和数字化剪辑的发展阶段；从剪辑方式来看，影视剪辑技术则经历了线性剪辑和非线性剪辑两个阶段。

所谓剪辑，简言之就是剪接加上编辑。本书将对音视频进行剪辑的方式分为线性剪辑和非线性剪辑两种。

1. 线性剪辑

线性剪辑是一种磁带的编辑方式，它是一种利用电子技术手段，根据节目内容的要求将素材连接成新的连续画面的技术。通常使用组合编辑将素材按顺序编辑成新的连续画面，然后再以插入编辑的方式对某一段进行同样长度的替换。但要想删除、缩短、加长中间的某一段就不可能了，除非将那一段以后的画面抹去重新录制。

(1)线性剪辑的优点

①可以很好地保护原来的素材，多次使用。

②不损伤磁带，可以发挥磁带能随意录、随意抹去的特点，降低制作成本。

③可以保持同步与控制信号的连续性，组接平稳，不会出现信号不连续、图像跳闪的感觉。

④可以迅速而准确地找到最适当的编辑点，正式编辑前可预先检查，编辑后可立刻观看编辑效果，发现不妥可马上修改。

⑤声音与图像可以做到完全吻合，还可各自分别进行修改。

(2)线性剪辑的缺点

①编辑效率低。线性剪辑系统是以磁带为记录载体，将节目信号按时间线性排列，在寻找素材时需要进行卷带搜索，只能在一维的时间轴上按照镜头的顺序一段一段地搜索，不能跳跃进行。对素材不可能做到随机存取，因此素材的选择非常浪费时间。

②画面质量劣化明显。模拟信号经多次复制，信号严重衰减，声画质量降低：节目制作中一个重要的问题就是母带的翻版磨损。传统的编辑方式的实质是复制，是将源素材复制到另一盘磁带上的过程。而模拟视频信号在复制时存在着衰减。当我们在进行编辑及多代复制时，特别是在一个复杂系统中进行时，会使信号在传输和编辑过程中容易受到外部干扰，造成信号的损失，使画面质量无法得到保证。

③节目长度受限。线性剪辑难以对半成品完成随意的插入或删除等操作，因为线性剪辑方式是以磁带的线性记录为基础的，一般只能按编辑顺序记录。虽然插入编辑方式允许替换已录磁带上的声音或图像，但是这种替换实际上只能是替掉旧的。它要求替换的片段时间和磁带上被替换的片段时间一致，而不能进行增删，就是说不能改变节目的长度。这样对节目的修改就非常不方便。

④使用的设备多，成本高。线性剪辑设备的种类繁多，录像机、编辑控制器、特技发生器、时基校正器、字幕机等设备一起工作时，各种设备的性能参差不齐，指标各异，设备的兼容和维护都需要大量的成本。

⑤操作复杂。线性剪辑系统连线复杂，有视频线、音频线、控制线、同步机，构成复杂，可靠性相对降低，经常出现不匹配的现象。另外，大量的设备同时使用，使得操作人员众多，安装和操作过程复杂。

⑥限制创造性。较为生硬的人机界面、大量的重复性机械劳动，限制了制作人员创造性的发挥。

2. 非线性剪辑

非线性剪辑是指利用计算机处理需要编辑、已经数字化的素材数据的后期剪辑方法。几乎所有的剪辑工作都在计算机里完成，不再需要那么多的外部设备，对素材的调用也是瞬间实现的，不用反反复复在磁带上寻找，突破单一的时间顺序编辑限制，可以按各种顺序排列，具有快捷简便、随机的特性。非线性剪辑只要上传一次就可以进行多次编辑，信号质量始终不会变低，所以节省了设备、人力，提高了效率。

非线性剪辑需要专用的剪辑软件、硬件，现在绝大多数的电视电影制作机构都采用了非线性剪辑系统。从非线性剪辑系统的作用来看，它能集录像机、切换台、数字特技机、编辑机、多轨录音机、调音台、MIDI 创作、时基等设备于一身，几乎包括了所有的传统后期制作设备。这种高度的集成性，使得非线性剪辑系统的优势更为明显，因此它能在广播电视界占据越来越重要的地位。

(1)非线性剪辑的优点

①信号质量高。非线性剪辑系统中，不存在线性剪辑"翻版"时损耗信号质量的缺陷，无论如何处理或者编辑复制多少次，信号质量都不会受到太大影响。当然，由于信号的压缩与解压缩编码，多少存在一些质量损失，但与"翻版"相比，损失可以说是微乎其微。

②制作水平高。在非线性剪辑系统中，大量的素材都存储在硬盘上，可以随时调用，不必费时费力地逐帧寻找。素材的搜索极其容易，能在瞬间找到需要的那一帧画面。整个编辑过程就像文字处理一样，既灵活又方便。同时，多种多样、花样翻新、可自由组合的特技方式，使制作的节目丰富多彩，将制作水平提高到了一个新的层次。

③设备的使用寿命长。非线性剪辑系统对传统设备的高度集成，使后期制作所需的设备降至最少，有效地减少了投资。由于是非线性剪辑，我们只需要一台录像机，在整个编辑过程中，只需要启动录像机两次，一次输入素材，另一次录制节目带。这样就避免了磁鼓的大量磨损，使得录像机的使用寿命大大延长。

④便于升级。影视制作水平的提高，总是对设备不断地提出新的要求，这一矛盾在传统剪辑系统中很难克服，因为这需要不断投资。而使用非线性剪辑系统，则能较好地克服这一矛盾。非线性剪辑系统所采用的，是易于升级的开放式结构，支持许多第三方的硬件和软件。功能的增加只需要通过软件的升级就能实现。

⑤实现网络化。网络化是计算机的一大发展趋势，非线性剪辑系统可充分利用网络方便地传输数码视频，实现资源共享；还可利用网络上的计算机协同创作，方便对于数码视频资源的管理和查询。目前，在一些电视台中，非线性剪辑系统都在利用网络发挥着更大的作用。

(2)非线性剪辑的缺点

①需要大容量的存储设备。录制高质量的素材时需要更大的硬盘空间。

②受计算机系统的限制。非线性剪辑系统构建在计算机平台上，对计算机系统的

配置有一定的要求，同时也受到计算机系统的限制和影响。操作过程中可能会出现系统死机、运行缓慢、数据混乱或丢失甚至系统崩溃等现象。

③对制作人员的要求高。非线性剪辑对制作人员的综合能力提出了很高的要求。制作人员需要在音视频的制作能力、美学修养、计算机操作水平等多方面都能均衡发展。

(二)常用的音视频剪辑基础术语

1. 帧和帧速率

帧(frame)是组成影片的每一幅静态画面，无论电影或电视都是利用动画的原理使图像产生运动。根据人的视觉暂留现象，连续放映的静态画面可以产生动画效果。组成动画的每一幅静态画面就是一帧，帧是构成动画的最小单位。

帧速率(FPS, Frames Per Second 的缩写，也可写作 fps，即"帧/秒")是指每秒刷新的图片的帧数，也可以理解为图形处理器每秒能够刷新几次。对于影片内容而言，帧速率指每秒所显示的静止帧格数。要生成平滑连贯的动画效果，帧速率一般不小于 8 帧/秒；而电影的帧速率为 24 帧/秒，二维动画的帧速率为 12 帧/秒。制作动态视频内容时，帧数越高，动作越流畅。

2. 时间码

时间码是指用数字的方法表示视频文件的一个点相对于整个视频或视频片段的位置，可以在播放和编辑时精确地对其进行定位。时间码的表示方法是时(H)：分(M)：秒(S)：帧(F)。

3. 制式

所谓制式就是电视制式，指传输电视信号所采用的技术标准。世界上主要使用的电视制式有 PAL(Phase Alteration Line)、NTSC(National Television Standards Committee)、SECAM(法文 Sequentiel Couleur A Memoire)三种。中国、欧洲大部分国家等使用 PAL 制式，日本、韩国及东南亚各国与美国等使用 NTSC 制式，法国、俄罗斯等则使用 SECAM 制式。中国市场上买到的正式进口的 DV 产品都是 PAL 制式。目前各国的电视制式不尽相同，制式的区分主要在于其帧频(场频)的不同、分解率的不同、信号带宽和载频的不同、色彩空间的转换关系不同等。表 1-2-1 为不同国家采用的制式。

表 1-2-1 不同国家采用的制式

制式	扫描线	帧速率	分辨率	采用的国家
PAL	625 线	25 帧/秒	720 像素×576 像素	中国、欧洲大部分国家等
NTSC	525 线	29.97 帧/秒	720 像素×480 像素	日本、韩国及东南亚各国与美国等
SECAM	625 线	25 帧/秒	720 像素×576 像素	法国、俄罗斯等

4. 像素和像素宽高比

像素是构成图形的基本元素，是位图图形的最小单位。像素与像素之间有相对位置，并且具有颜色能力。

像素宽高比是指影片画面中每一个像素点的长宽比。通常计算机使用正方形像素显示画面，其宽高比为 1.0；电视机使用矩形像素，PAL 使用的像素宽高比为 1.09。如果在正方形像素的显示器上显示未经矫正的矩形像素画面，图形会出现变形效果。

5. 分辨率

分辨率是指图像单位面积内所包含的像素点数，分辨率越高即所包含的像素越多，图像越清晰。

6. 标清、高清、2K 和 4K

标清是指分辨率在 720P 及以下的一种视频格式。分辨率达到 720P 以上则称为高清，分辨率通常为 1280 像素×720 像素或 1920 像素×1080 像素，帧宽高比为 16：9。高清的数据量是非常大的，画面质量优于标清。

2K 和 4K 是标准在高清之上的数字电影格式，分辨率分别为 2048 像素×1080 像素和 3840 像素×2160 像素。图 1-2-1 为不同的分辨率。

图 1-2-1　不同的分辨率

7. 素材

素材是指影片中的小片段，可以是音频、视频、静态图像或者标题。

8. 字幕

字幕是指以文字形式显示电视、电影、舞台作品中的对话等非影像内容，也泛指影视作品后期加工的文字。在电影银幕或电视机荧光屏下方出现的解说文字以及种种文字，如影片的片名、演职员表、唱词、对白、说明词以及人物介绍、地名和年代等都称为字幕。影视作品的对话字幕一般出现在屏幕下方，戏剧作品的字幕则可能显示于舞台两旁或上方。

9. 画外音

画外音指影片中出现的声音，其声源不在画面内，即不是由画面中的人或物体直接发出的声音，而是来自画面外的声音。旁白、独白、解说是画外音的主要形式。

10. 转场

转场就是在一个场景结束到另一个场景开始之间出现的内容。通过添加转场，剪辑人员可以将单独的素材和谐地融合成一部完整的影视作品。

11. 渲染

渲染是将节目中所有源文件收集在一起，创建最终的影片的过程。

12. 节奏

一部好片子的形成大多源于节奏。视频与音频紧密结合，使人们在观看某部片子的时候，不但要有感情的波动，还要在看完一遍后对这部片子整体有个感觉，这就是节奏的魅力，是音频与视频的完美结合。节奏是在对整体片子的感觉基础上形成的，它也象征着一部片子的完整性。

三、音视频剪辑的流程

音视频剪辑的流程主要分为素材的采集与输入、素材编辑、特效处理、字幕制作和输出播放五个基本步骤。

（一）素材的采集与输入

素材采集就是将外部的视频经过处理转换成可以处理的素材。输入就是将图像、视频、音频等素材导入剪辑软件，准备剪辑使用。

（二）素材编辑

素材编辑是剪辑者从结构、节奏、声音处理、场面转换等方面，选择最合适的剪辑点，并对素材进行合理的顺序组接的过程。

（三）特效处理

对于视频素材而言，特效处理包括转场、特效及合成叠加；对于音频素材而言，特效处理包括对声音素材的转场和特效处理。这一步骤可以让平淡的影片产生炫酷的效果。

（四）字幕制作

字幕是节目中非常重要的部分，有静态字幕和动态字幕两种类型。

(五)输出播放

完成视频作品的剪辑后，按照需求生成适合的视频文件格式。可以用于网络发布、刻录成 DVD 光盘或录像带上保留。

第二章　Premiere Pro CC 软件应用

一、初识用户操作界面

目前市场上有许多剪辑软件，Adobe 公司的 Premiere Pro CC 是其中具有代表性的一款，其广泛应用于广告制作和电视节目制作、电影剪辑等。该软件编辑画面质量优秀，有较好的兼容性，与 Adobe 公司推出的平面编辑、网络设计、影视和音频制作软件相互协作融为一体。

双击 PR 快捷图标启动 Premiere Pro CC 软件。选择新建项目后，弹出"项目"面板，选择视频显示格式和音频显示格式，确定项目名称和存放位置，然后在新建序列窗口创建一个新的序列来打开软件。

Premiere Pro CC 的窗口面板众多，但布局有序而又简明清晰，如图 2-1-1 所示。

图 2-1-1　Premiere Pro CC 操作界面

(一)菜单栏

Premiere Pro CC 的主要功能都可以通过执行菜单栏中的命令来完成，执行菜单命令是最基本的操作方式。菜单栏中包括"文件""编辑""剪辑""序列""标记""图形""窗口"和"帮助"8 个功能各异的主菜单，如图 2-1-2 所示。菜单命令往往结合剪辑工具配合使用。

图 2-1-2　菜单栏

"窗口"菜单主要用于实现对各种编辑窗口和控制面板的管理，可以选择工作区的各种工作模式，也可选择"重置为保存的布局"恢复混乱的工作区为保存的状态，如图 2-1-3 所示。

图 2-1-3　"窗口"菜单

(二)"项目"面板

组织和管理素材的窗口，有"列表视图"和"图标视图"两种形式。列表视图会显示素材的名称、类型、长度、大小等详细信息，如图 2-1-4 所示；图标视图会显示素材的缩略图和基本信息，更加直观，如图 2-1-5 所示。

(三)"监视器"面板

"监视器"面板的作用是在创建作品时进行预览。在 Premiere Pro CC 的工作界面中，我们可以看到两个"监视器"面板结合在一起：左边的子面板是"源监视器"，用于

图 2-1-4 "项目"面板的列表视图

图 2-1-5 "项目"面板的图标视图

播放、整理原始素材片段；右边的是"节目监视器"，用于对整个节目进行编辑或预览。两种监视器面板如图 2-1-6 至图 2-1-8 所示。

图 2-1-6 "源监视器"面板和"节目监视器"面板

图 2-1-7　"源监视器"面板介绍

图 2-1-8　"源监视器"常用按钮

(四)"时间线"面板

"时间线"面板是装配序列、编辑视频素材和音频素材的主要场所。它用于按照从左至右，以及层的由上到下的顺序排列素材，使用工具箱中的各种剪辑工具进行剪辑操作，如图 2-1-9 所示。

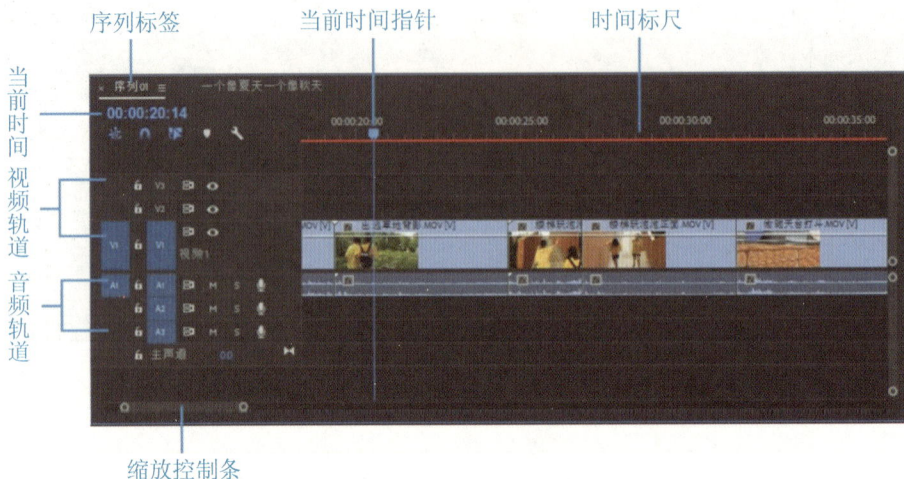

图 2-1-9　"时间线"面板

(五)"效果控件"面板

"效果控件"面板用于控制对象的运动、不透明度、时间重映射，以及特效的设置，如图 2-1-10 所示。

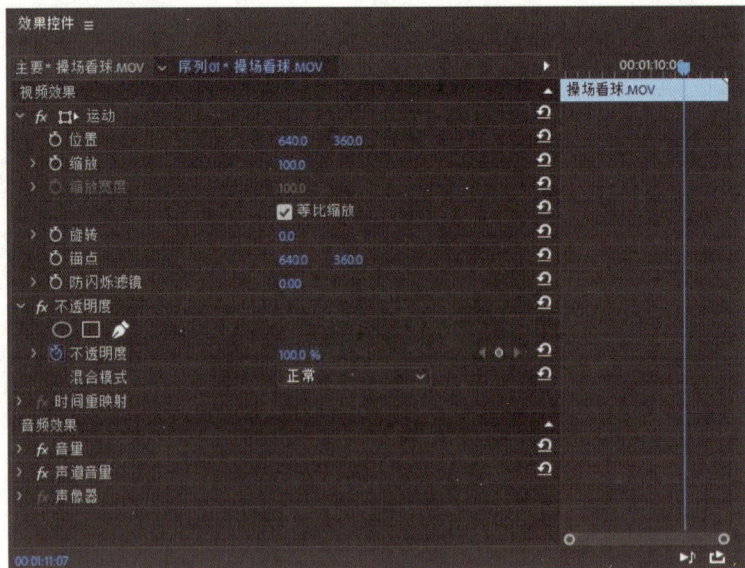

图 2-1-10　"效果控件"面板

(六)"音频剪辑混合器"面板和"音轨混合器"面板

"音频剪辑混合器"面板可对音轨中的每一段音频进行单独调节,"音轨混合器"面板则对音轨中的所有音频进行整体调节,如图 2-1-11 所示。

图 2-1-11   "音频剪辑混合器"面板和"音轨混合器"面板

(七)"工具"面板

"工具"面板提供了编辑影片的常用工具,如图 2-1-12 所示。

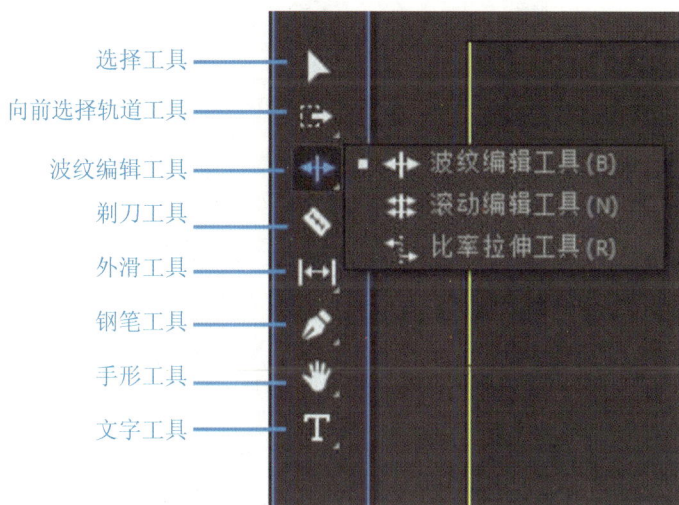

图 2-1-12   "工具"面板

(八)"历史记录"面板

"历史记录"面板可以记录编辑人员的每一步操作。在"历史记录"面板上单击要返回的每一步操作，剪辑人员就可以恢复到若干步前的操作，如图 2-1-13 所示。

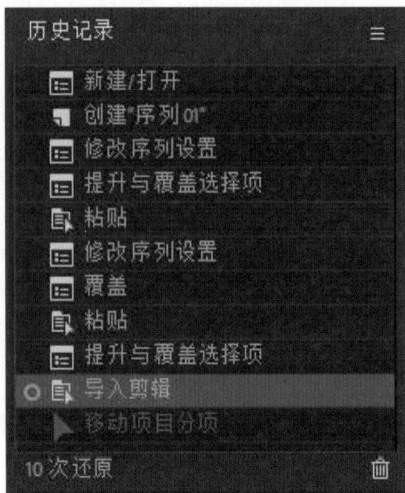

图 2-1-13　"历史记录"面板

(九)"信息"面板

"信息"面板主要显示处于选择状态的素材及转场的相关信息，如素材的长度、出点、入点等。"信息"面板可以对编辑工作起重要的参考作用，如图 2-1-14 所示。

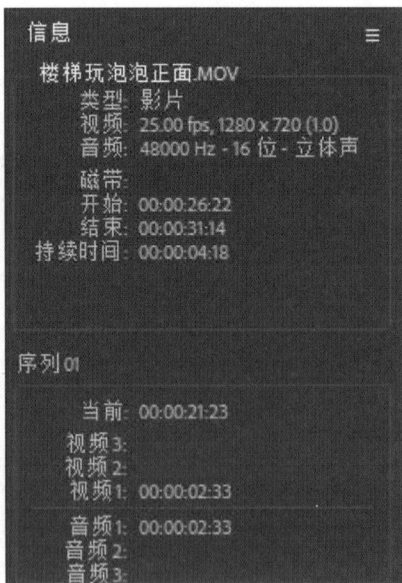

图 2-1-14　"信息"面板

(十)"效果"面板

"效果"面板用于存放音频、视频的切换效果和特技效果，如图 2-1-15 所示。

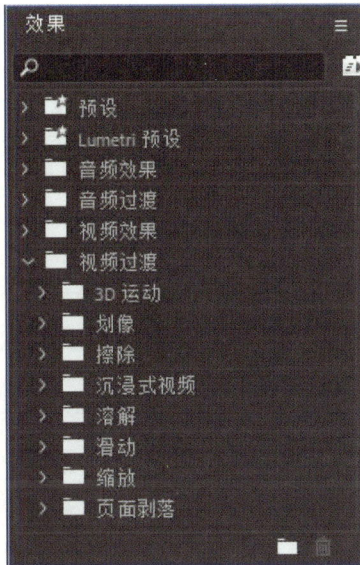

图 2-1-15 "效果"面板

二、创建并配置项目

启动 Premiere Pro CC 进入"开始"界面，在"开始"界面中可以选择"新建项目"创建新项目或"打开项目"打开已有项目。另外也可以在"最近使用项"中选择最近使用过的项目文件来打开 Premiere Pro CC。我们也可以在"开始"界面中新建或者打开团队项目，如图 2-2-1 所示。

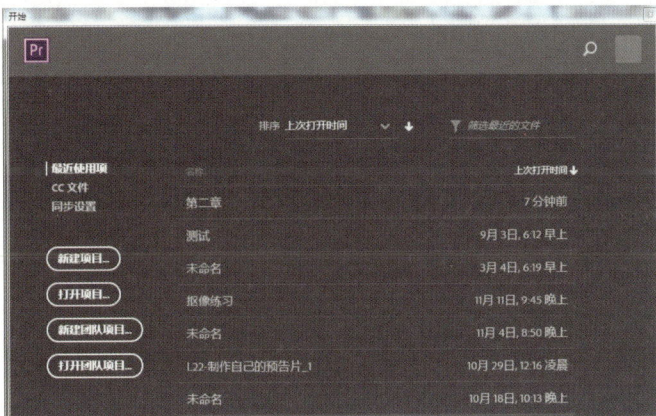

图 2-2-1 "开始"界面

(一)创建与设置项目

选择"新建项目"打开"新建项目"对话框,设置项目名称和存放位置。也可以在打开 Premiere Pro CC 后选择"文件"菜单下的"新建"→"项目"命令打开"新建项目"对话框。

在"常规"选项中,如果显卡满足要求,可选择水银渲染模式,用硬件代替软件渲染,提高渲染速度。视频显示格式设置为"时间码",音频显示格式设置为"音频采样",捕捉格式设置为"DV",如图 2-2-2 所示。在"位置"栏里,设置项目应保存的路径;在"名称"栏里,给项目命名。

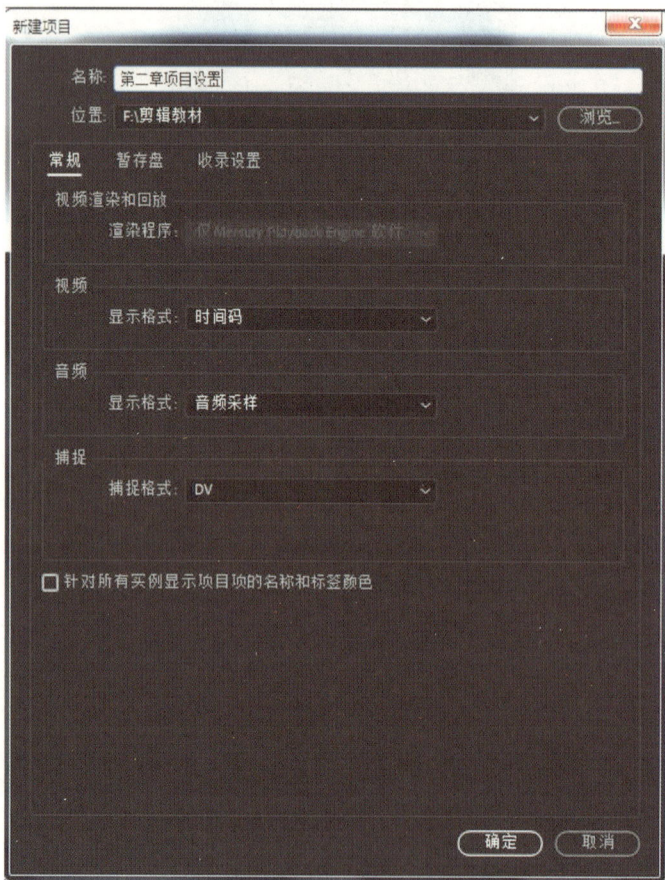

图 2-2-2 "常规"选项

在"暂存盘"选项中,"捕捉的视频""捕捉的音频""视频预览""音频预览""项目自动保存"等栏目里的素材存放位置默认为"与项目相同",也可自行设置素材存放位置,如图 2-2-3 所示。

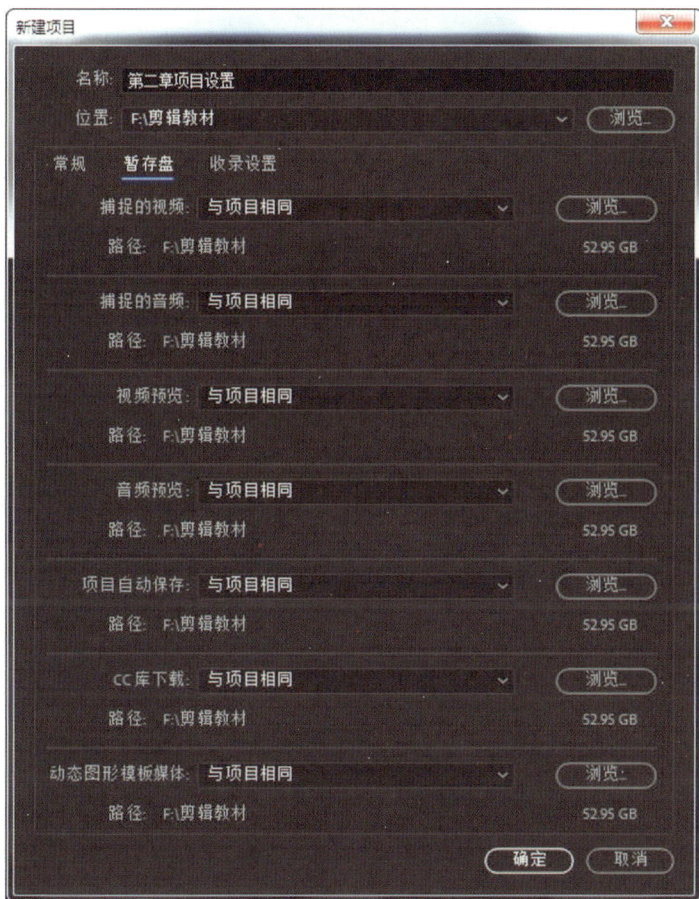

图 2-2-3　"暂存盘"选项

(二)创建与设置序列

新建一个空白项目文档后，在 Premiere Pro CC 中需要创建"序列"文件才能正式开始剪辑。选择"文件"菜单下的"新建"→"序列"命令打开"新建序列"对话框并在该对话框中设置序列的属性。Premiere Pro CC 的"序列预设"选项为我们提供了多种设置来满足不同媒体需求，如图 2-2-4 所示。

如"序列预设"选项不能满足要求，可以在"设置"选项中选择自定义编辑模式来满足具体需求，如图 2-2-5 所示。

在"轨道"选项中，可定义视频的轨道数量以及音频轨道的名称、数量、类型等，如图 2-2-6 所示。

在"VR 视频"选项中，我们可以设置 VR 属性，如图 2-2-7 所示。

图 2-2-4 "序列预设"选项

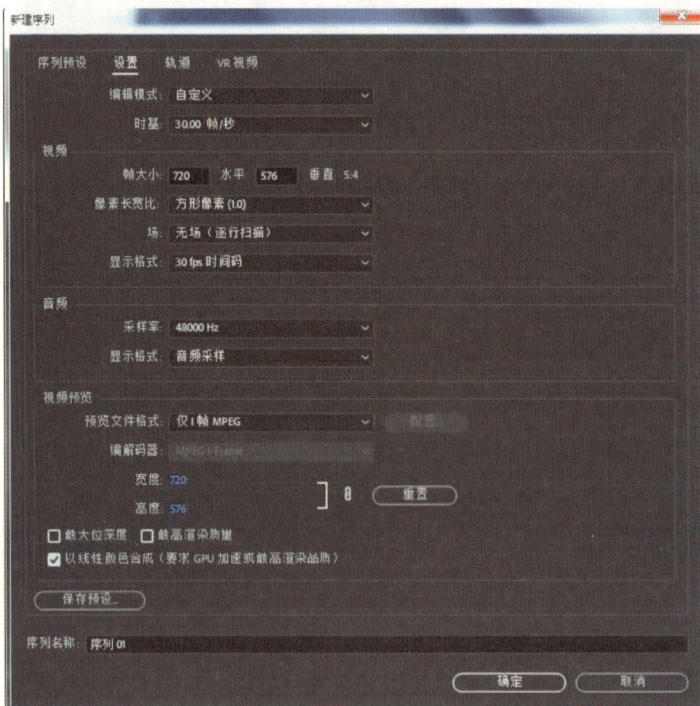

图 2-2-5 "设置"选项

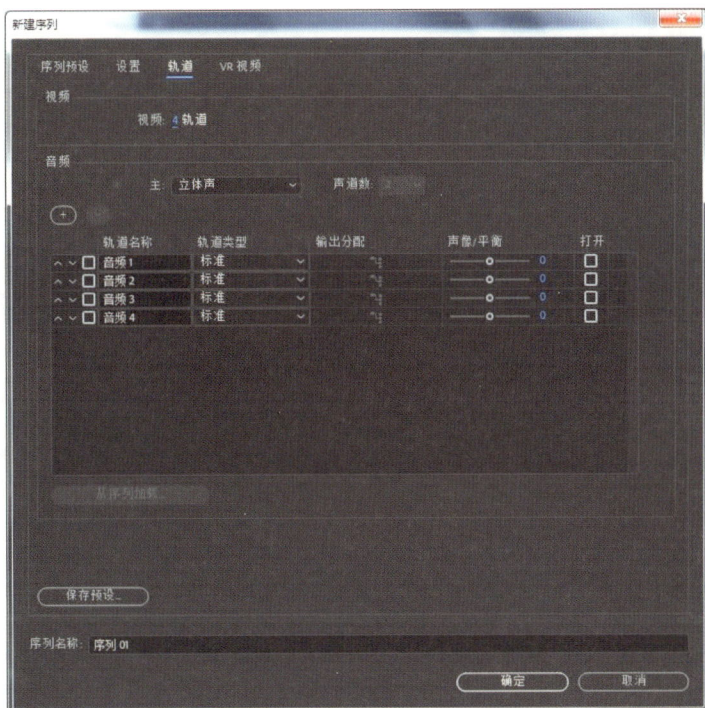

图 2-2-6 "轨道"选项

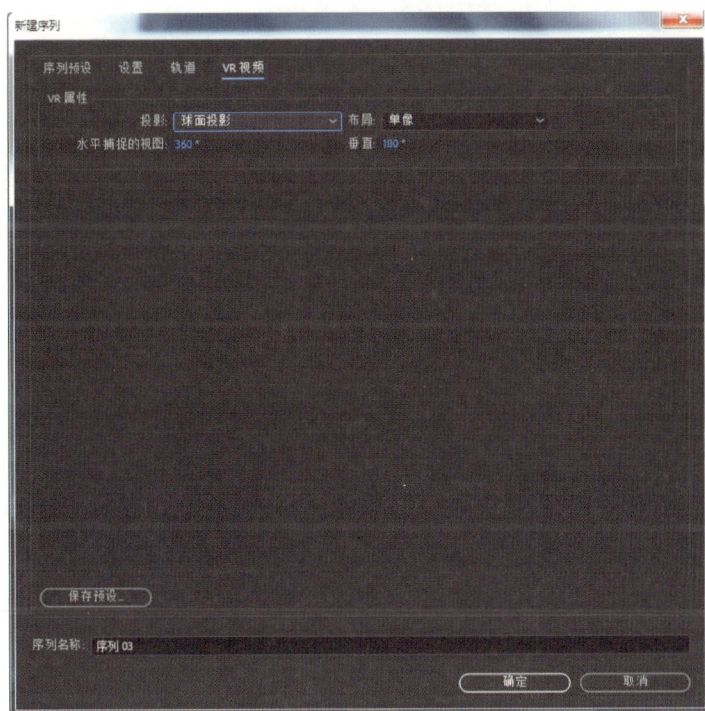

图 2-2-7 "VR 视频"选项

(三)打开已有项目

选择"文件"菜单下的"打开项目""打开团队项目"或"打开最近使用的内容"都可以打开已有项目文件,如图 2-2-8 所示。

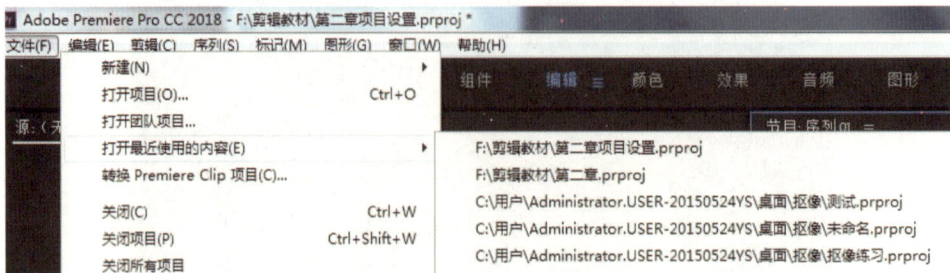

图 2-2-8　打开已有项目

(四)保存项目

项目是剪辑过程的完整记录,项目文件的丢失或损坏都会让我们的剪辑工作前功尽弃。Premiere Pro CC 有自动保存项目的功能。在编辑的过程中,系统会根据用户的设置,自动对已编辑内容进行保存。也可以选择"文件"菜单下的"保存""另存为""保存副本"或"全部保存"保存项目文件。另外,在退出 Premiere Pro CC 时,系统也会提示是否保存更改过的项目文件,如图 2-2-9 所示。

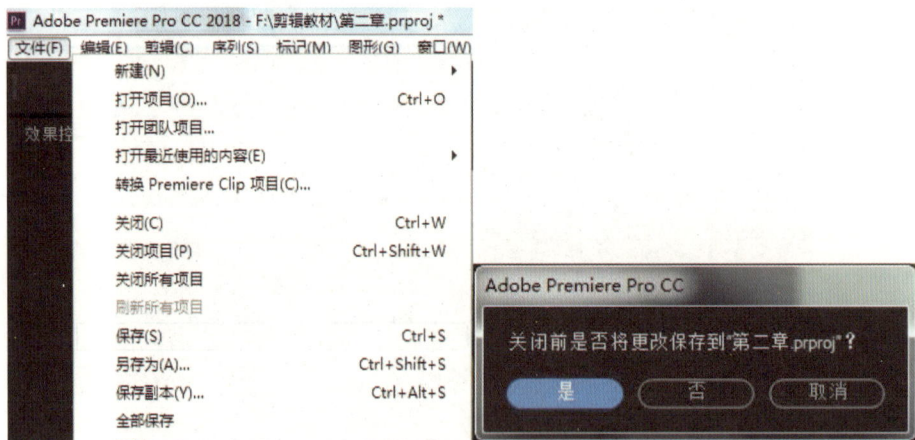

图 2-2-9　保存项目及关闭前保存项目提示

(五)管理项目

管理项目的目的是节约项目使用的存储空间,把项目所涉及的素材和项目文件整合在一个文件夹,使项目的存档和传递更加高效和便利,如图 2-2-10 所示。

在"文件"菜单下选择"项目管理",打开"项目管理器"对话框,选择"收集文件并复制到新位置"选项，选择合适的存放路径，确定后即可在选择的新路径下保存经过筛选的素材及项目，如图 2-2-11 所示。

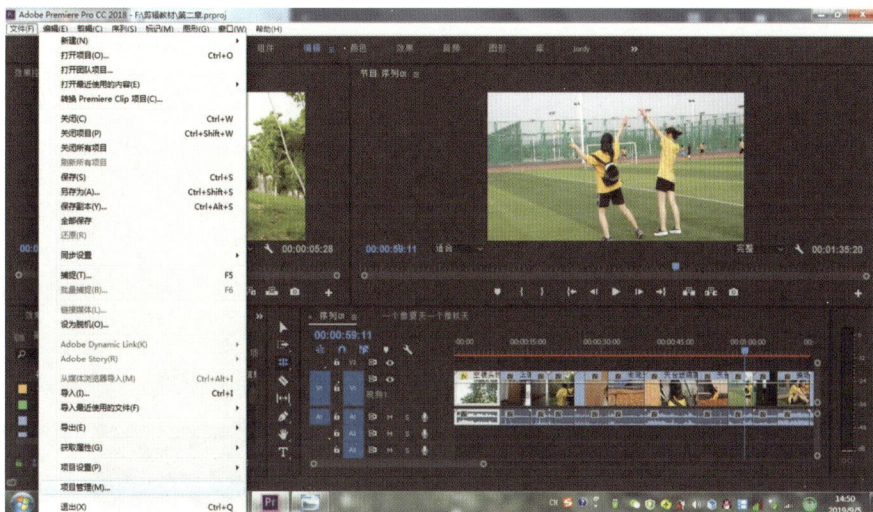

图 2-2-10　项目管理

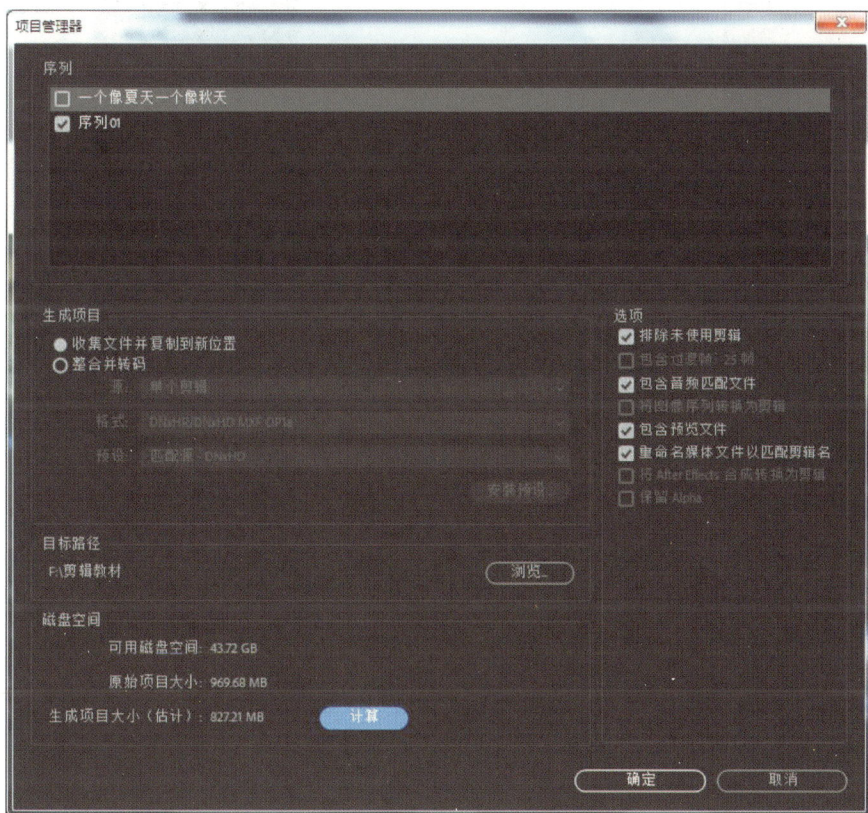

图 2-2-11　"项目管理器"对话框

三、设置首选项

Premiere Pro CC 允许用户自定义 Premiere 的外观和功能。大部分首选项在参数确定后始终保持，直至更改它们。要恢复默认首选项设置，应在应用程序启动时按住 Alt 键，出现启动画面时可以松开。

首选项里包括常规、外观、音频、音频硬件、自动保存、捕捉、协作、操纵面板、设备控制、图形、标签、媒体、媒体缓存、内存、回放、同步设置、时间轴、修剪 18 个选项，可以对 Premiere 的外观和功能进行参数设定，如图 2-3-1 所示。

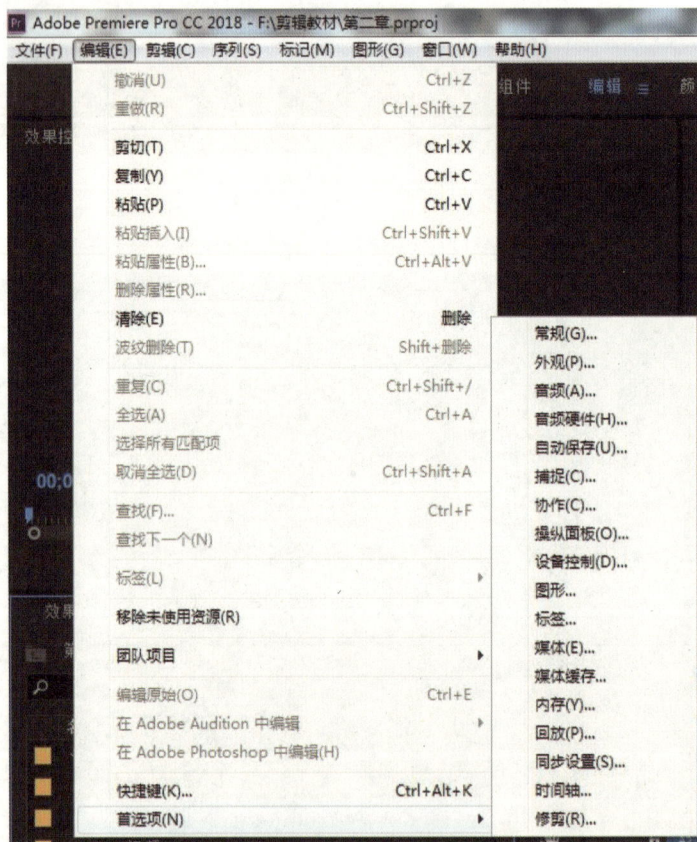

图 2-3-1　首选项

如我们可以在"自动保存"选项中自定义自动保存的时间间隔和保存版本数量。这样可以帮助我们在误操作或软件意外停止工作时及时找回我们的剪辑项目，如图 2-3-2 所示。

如我们可以在"时间轴"选项中自定义音视频过渡默认持续时间和静止图像默认持续时间，便于我们节省大量重复操作的时间，如图 2-3-3 所示。

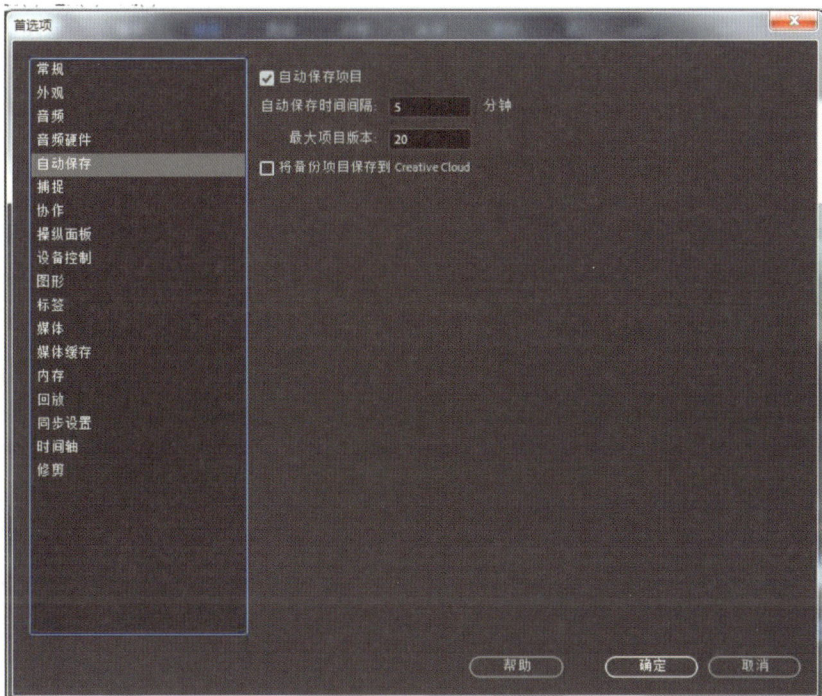

图 2-3-2 "自动保存"选项

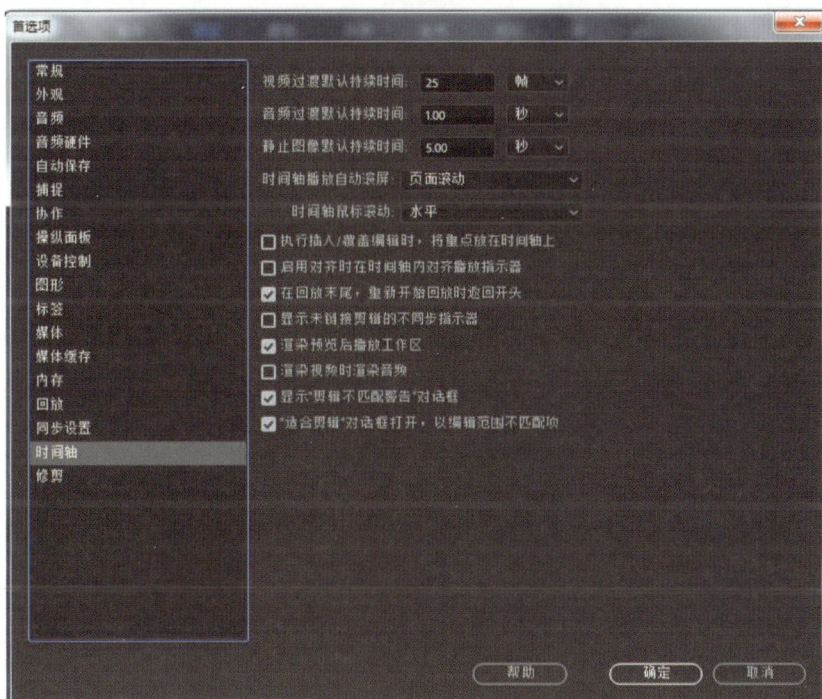

图 2-3-3 "时间轴"选项

四、导入素材

Premiere Pro CC 既可以通过捕捉或录制获取素材，也可以将硬盘或光盘上的素材导入进行编辑。方法是用鼠标的左键双击项目空白处；用鼠标的右键单击项目空白处或使用菜单命令"文件"→"导入"，都可以调出导入对话框，选择所需的素材文件或整个文件夹，将其导入项目调板。另外还可以直接把素材从文件夹中拖到"项目"面板，如图 2-4-1 所示。

Premiere Pro CC 可以导入音视频文件、静态图片、分层的 Photoshop 和 Illustrator 文件、序列图像文件和 Premiere 项目文件。

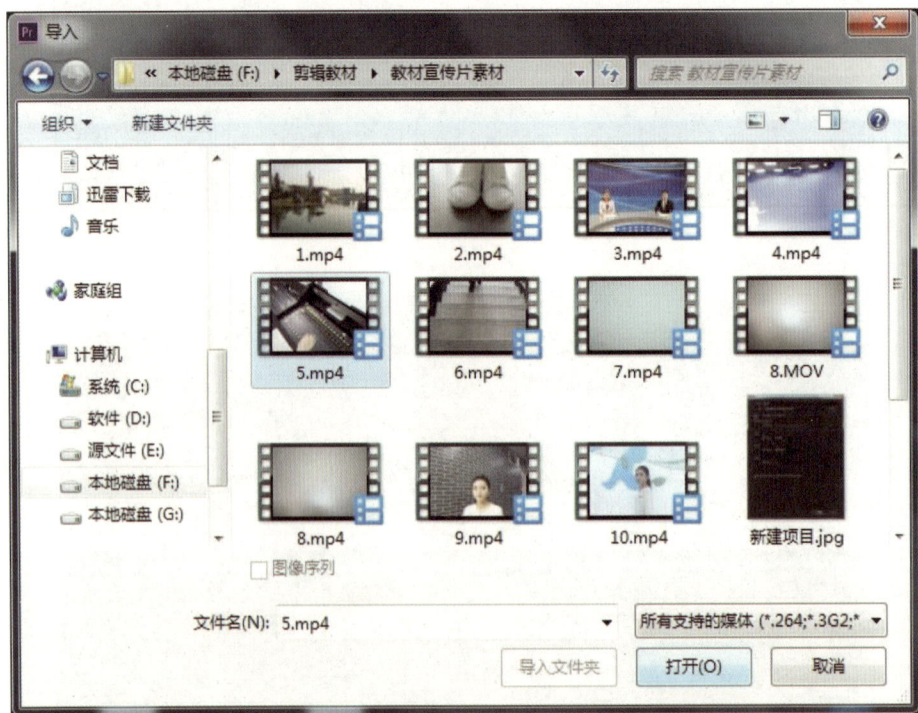

图 2-4-1 导入素材

五、入门剪辑

我们可以通过在 Premiere Pro CC 中制作一个简短的视频作品来熟悉 Premiere Pro CC 的工作流程和基本操作。

本短片素材来源于河北传媒学院新闻传播学院建院 10 周年纪念宣传片。该宣传片采用一镜到底的拍摄方式，剪辑过程简单，剪辑点明确，非常适合进行剪辑流程练习。

(一)设置序列

运行 Premiere Pro CC，打开软件的开始界面，选择"新建项目"选项，在"新建项目"窗口，命名项目名称为"宣传片"。接下来选择菜单命令"文件"→"新建"→"序列"，在"新建序列"对话框中设置序列编辑模式为自定义，在"时基"下拉列表中选择 25.00 帧/秒，画面大小文本框分别输入"1920×1080"，在"像素纵横比"下拉列表中选择"方形像素(1.0)"选项，在场序下拉列表中选择"无场(逐行扫描)"选项，在"显示格式"下拉列表中选择"25fps 时间码"，如图 2-5-1 所示。

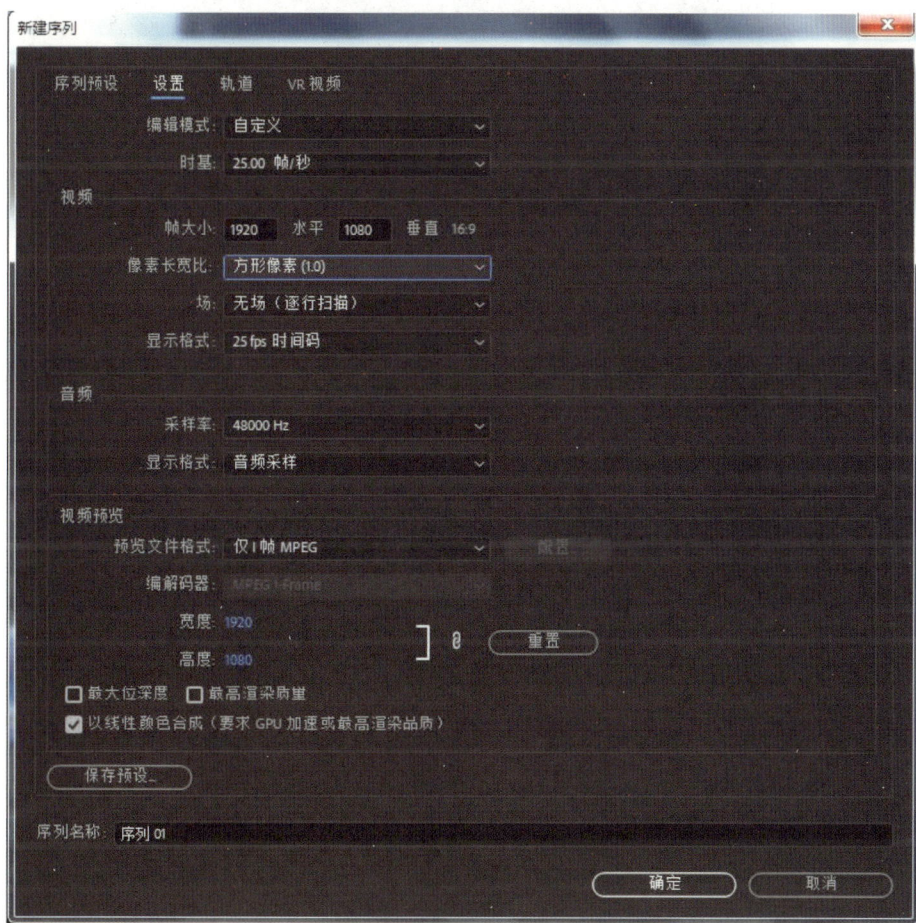

图 2-5-1 "新建序列"对话框

(二)导入素材

在"项目"面板上单击鼠标的右键，在弹出的菜单中选择"新建素材箱"命令，如图

2-5-2 所示，即可新建一个素材箱，并命名"宣传片"，如图 2-5-3 所示。

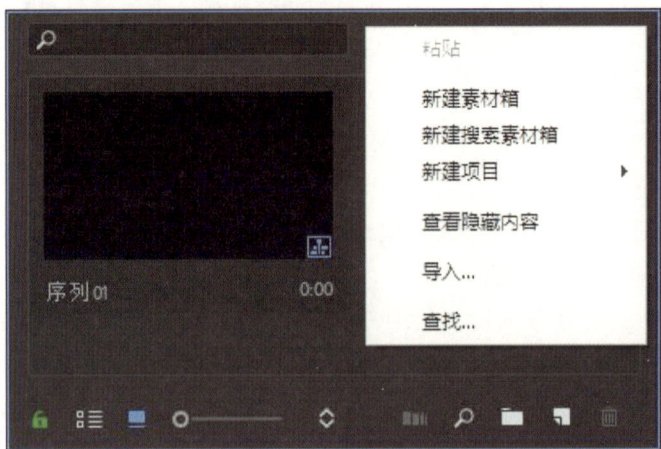

图 2-5-2　新建素材箱

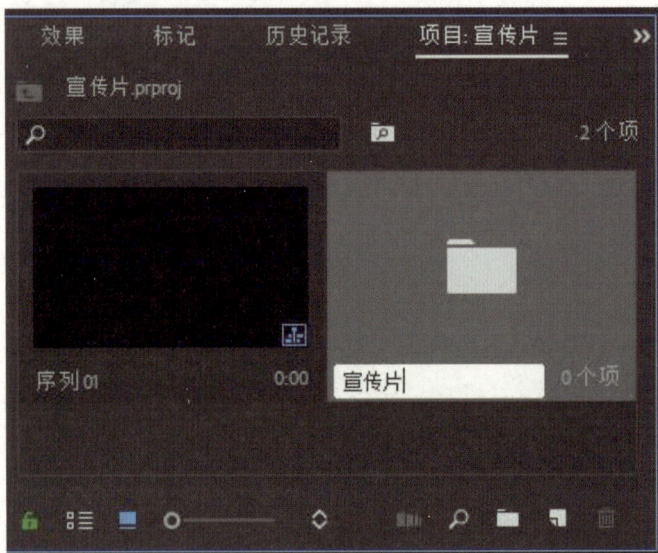

图 2-5-3　命名素材箱

双击进入，在"宣传片"素材箱中双击空白处，打开导入对话框，选择导入"1～10"
10 个素材文件，如图 2-5-4 所示。选择"打开"即可完成素材导入。

双击"项目"面板的空白处，打开导入对话框，选择导入"背景音乐.mp3"素材文
件，选择"打开"即可完成素材导入，如图 2-5-5 所示。

(三)剪辑素材

按照顺序分别把"项目"面板"宣传片"素材箱中的 10 个视频素材文件拖入"时间线"
面板的视频轨道 1，如图 2-5-6 所示。

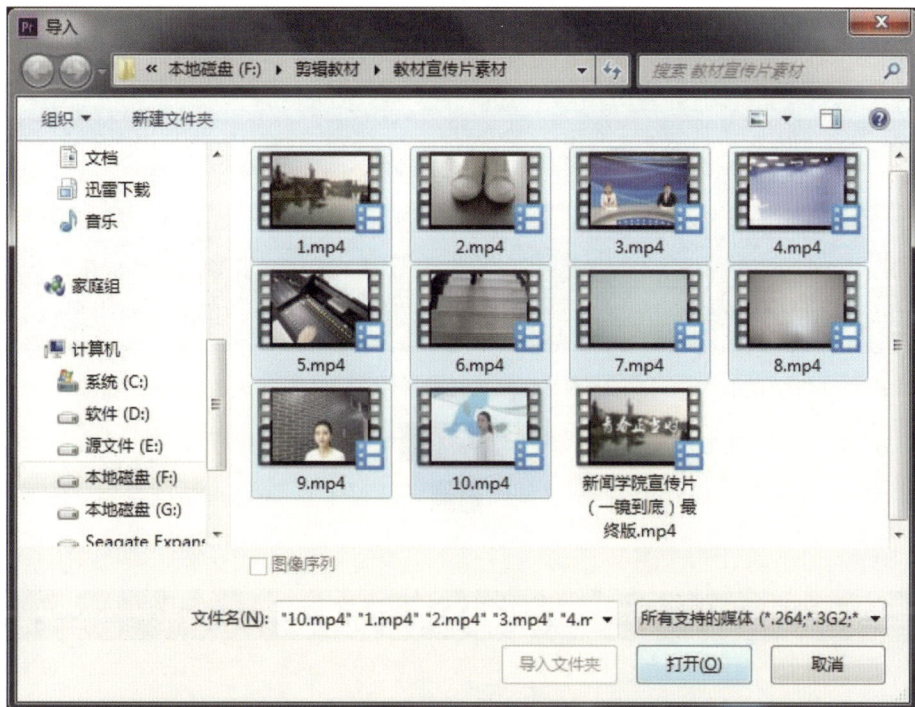

图 2-5-4　导入视频素材

图 2-5-5　导入音频素材

1. 设置第一组镜头

①双击视频轨道 1 的 1 素材，打开素材"源监视器"窗口，看到 1 素材的视频影像；通过点击播放按钮▶，播放观看素材，可以左右拖动时间线指针，快速寻找需要

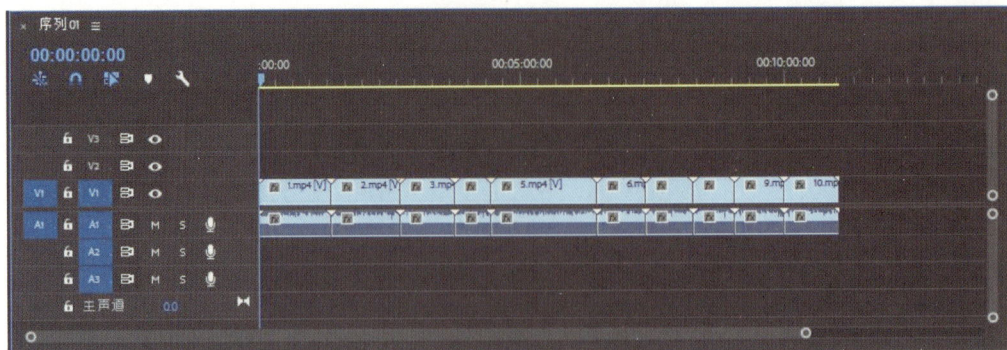

图 2-5-6　拖动素材到"时间线"面板

的素材画面，可以使用左右步进按钮 前后一帧一帧精确地寻找。在时间码 00：00：03：00 位置，单击标记入点按钮 ，设置 1 素材的开始位置"入点"，如图 2-5-7所示。

图 2-5-7　设置第一个镜头的入点

②通过点击播放按钮或向后拖动时间线指针，寻找素材的结束位置"出点"，在窗口左下角时间码显示 00：01：19：14 位置，单击标记出点按钮 ，设置 1 素材的结束位置"出点"。窗口右下角显示时间码 00：01：16：15 是选中的片段总时长，如图 2-5-8 所示。

图 2-5-8 设置第一个镜头的出点

2. 设置第二组镜头

①双击视频轨道 1 的 2 素材，在素材"源监视器"窗口，看到 2 素材的视频影像；通过"监视器"面板的播放工具，寻找素材开始位置的最佳剪辑点画面。在时间码 00：00：06：22 位置，单击标记入点按钮 █ ，设置第二组镜头的开始位置"入点"，如图 2-5-9 所示。

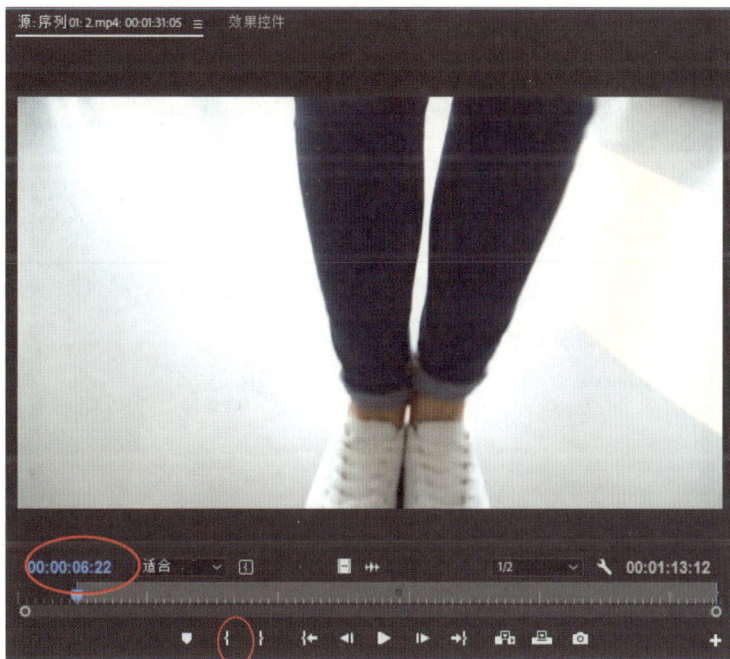

图 2-5-9 设置第二组镜头的入点

②继续拖动时间线指针或通过点击播放按钮寻找素材的结束位置"出点"。在窗口左侧时间码显示 00：01：15：21 位置，单击标记出点按钮■，设置第二组镜头的结束位置"出点"，如图 2-5-10 所示。

图 2-5-10　设置第二组镜头的出点

3. 设置第三组镜头

①双击视频轨道 1 的 3 素材，在素材"源监视器"窗口看到 3 素材的视频影像，寻找素材的合适画面。在时间码 00：00：02：22 位置，单击标记入点按钮■，设置第三组镜头的开始位置"入点"，如图 2-5-11 所示。

图 2-5-11　设置第三组镜头的入点

②拖动时间线指针或通过点击播放按钮寻找素材的结束位置"出点"。在窗口时间码显示 00：00：57：06 位置，单击标记出点按钮 ![icon]，设置第三组镜头的结束位置"出点"，如图 2-5-12 所示。

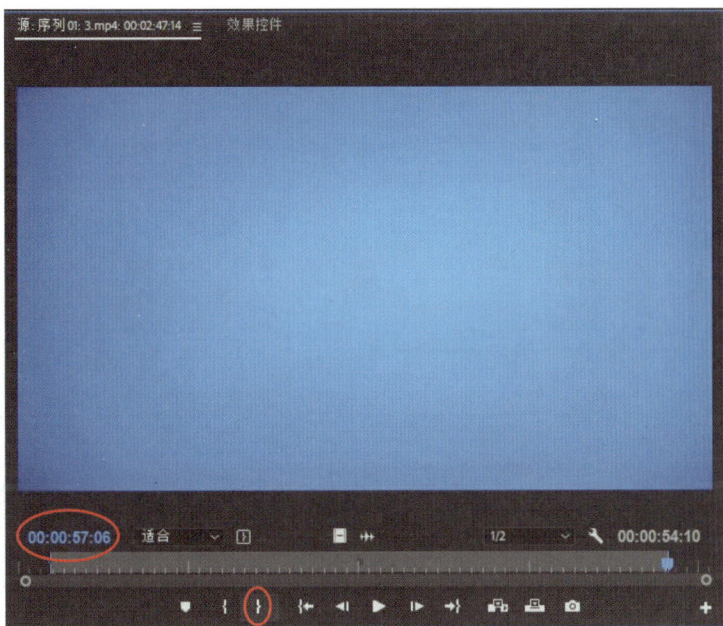

图 2-5-12　设置第三组镜头的出点

4. 设置第四组镜头

①双击视频轨道 1 的 4 素材，在素材"源监视器"窗口看到 4 素材的视频影像。在时间码 00：00：04：09 位置，单击标记入点按钮 ![icon]，设置第四组镜头的开始位置"入点"，如图 2-5-13 所示。

图 2-5-13　设置第四组镜头的入点

②拖动时间线指针或通过点击播放按钮寻找素材的结束位置"出点"，在窗口左侧时间码显示 00：00：37：23 位置，单击标记出点按钮 ▋ ，设置第四组镜头的结束位置"出点"，如图 2-5-14 所示。

图 2-5-14　设置第四组镜头的出点

5. 设置第五组镜头

①双击视频轨道 1 的 5 素材，在素材"源监视器"窗口看到 5 素材的视频影像，在时间码 00：00：08：15 位置，单击标记入点按钮 ▋ ，设置第五组镜头的开始位置"入点"，如图 2-5-15 所示。

图 2-5-15　设置第五组镜头的入点

②拖动时间线指针或通过点击播放按钮寻找素材的结束位置"出点"。在窗口时间码显示 00：01：52：21 位置，单击标记出点按钮 ，设置第五组镜头的结束位置"出点"，如图 2-5-16 所示。

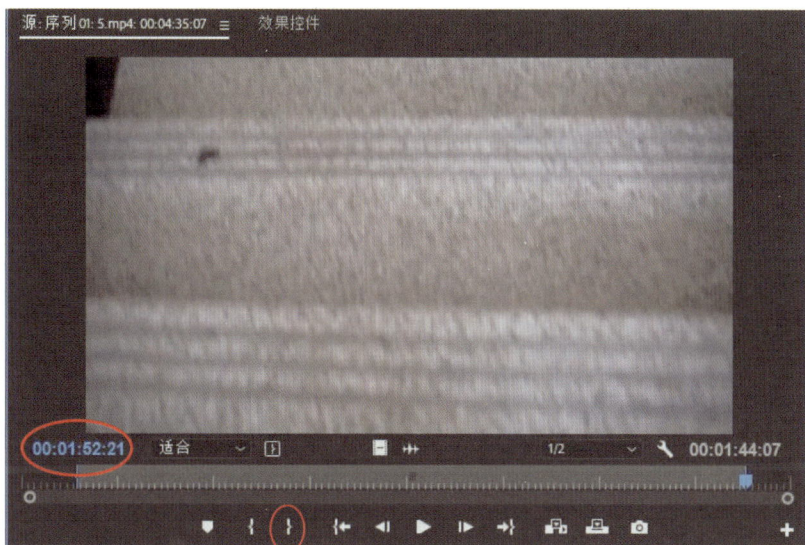

图 2-5-16　设置第五组镜头的出点

6. 设置第六组镜头

①双击视频轨道 1 的 6 素材，在素材"源监视器"窗口看到 6 素材的视频影像。在时间码 00：00：04：01 位置，单击标记入点按钮 ，设置第六组镜头的开始位置"入点"，如图 2-5-17 所示。

图 2-5-17　设置第六组镜头的入点

②拖动时间线指针或通过点击播放按钮寻找素材的结束位置"出点"。在窗口时间码显示 00：00：51：20 位置，单击标记出点按钮 ▮▮ ，设置第六组镜头的结束位置"出点"，如图 2-5-18 所示。

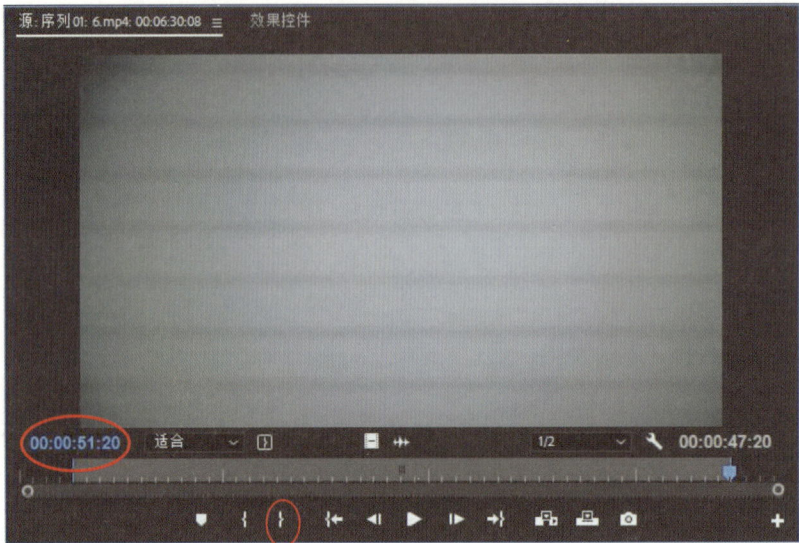

图 2-5-18　设置第六组镜头的出点

7. 设置第七组镜头

①双击视频轨道 1 的 7 素材，在素材"源监视器"窗口看到其视频影像。在时间码 00：00：07：21 位置，单击标记入点按钮 ▮▮ ，设置第七组镜头的开始位置"入点"，如图 2-5-19 所示。

图 2-5-19　设置第七组镜头的入点

②拖动时间线指针或通过点击播放按钮寻找素材的结束位置"出点"。在窗口时间码显示 00：00：52：00 位置，单击标记出点按钮 ![], 设置第七组镜头的结束位置"出点"，如图 2-5-20 所示。

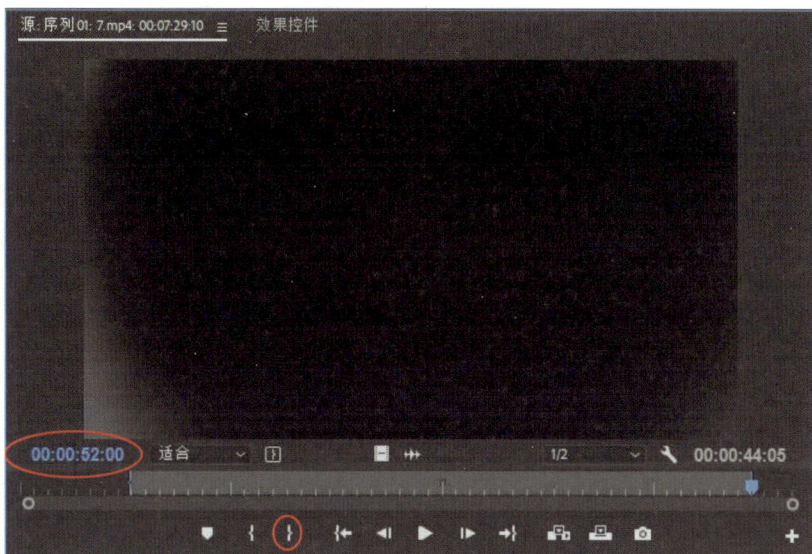

图 2-5-20　设置第七组镜头的出点

8. 设置第八组镜头

①双击视频轨道 1 的 8 素材，在素材"源监视器"窗口看到其视频影像。在时间码 00：00：04：10 位置，单击标记入点按钮 ![], 设置第八组镜头的开始位置"入点"，如图 2-5-21 所示。

图 2-5-21　设置第八组镜头的入点

②拖动时间线指针或通过点击播放按钮寻找素材的结束位置"出点"。在窗口时间码显示 00：00：40：10 位置，单击标记出点按钮 ，设置第八组镜头的结束位置"出点"，如图 2-5-22 所示。

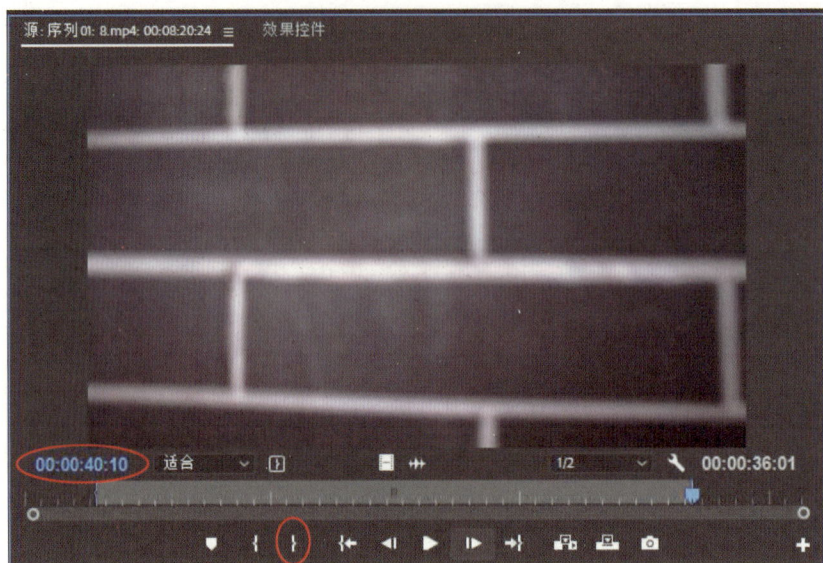

图 2-5-22   设置第八组镜头的出点

9. 设置第九组镜头

①双击视频轨道 1 的 9 素材，在素材"源监视器"窗口看到其视频影像。在时间码 00：00：06：07，单击标记入点按钮 ，设置第九组镜头的开始位置"入点"，如图 2-5-23 所示。

图 2-5-23   设置第九组镜头的入点

②拖动时间线指针或通过点击播放按钮寻找素材的结束位置"出点"。在窗口时间码显示 00：00：53：15 位置，单击标记出点按钮 ▮ ，设置第九组镜头的结束位置"出点"，如图 2-5-24 所示。

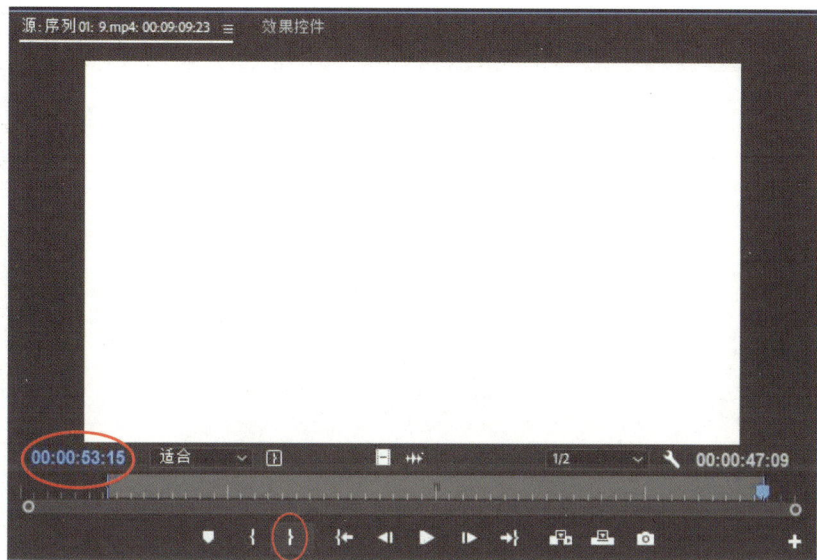

图 2-5-24　设置第九组镜头的出点

10. 设置第十组镜头

①双击视频轨道 1 的 10 素材，在素材"源监视器"窗口看到其视频影像。在时间码 00：00：04：12，单击标记入点按钮 ▮ ，设置第十组镜头的开始位置"入点"，如图 2-5-25 所示。

图 2-5-25　设置第十组镜头的入点

②拖动时间线指针或通过点击播放按钮寻找素材的结束位置"出点"。在窗口时间码显示 00：00：57：11 位置，单击标记出点按钮 ⫶ ，设置第十组镜头的结束位置"出点"，如图 2-5-26 所示。

图 2-5-26　设置第十组镜头的出点

11. 整理排列时间线轨道素材

对时间线视频轨道 1 上的素材全部设置好入点、出点后，视频素材在时间线上断续排列，如图 2-5-27 所示。

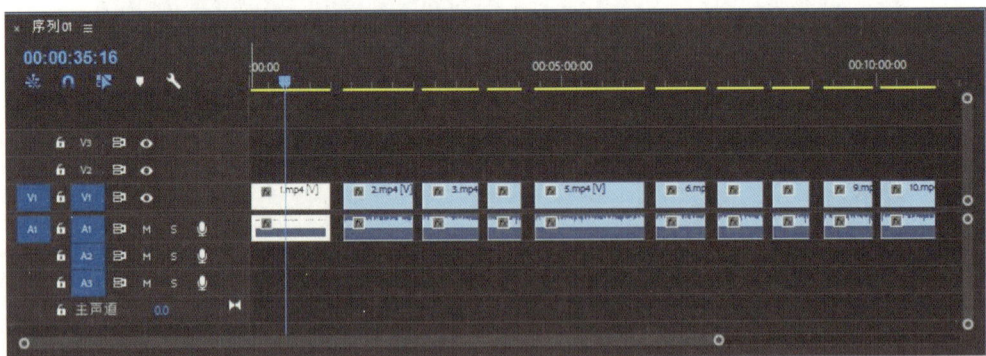

图 2-5-27　时间线上断续排列的剪辑素材

在"时间线"面板上素材的空隙中，点击鼠标右键，再单击弹出的"波纹删除"命令，如图 2-5-28 所示，即可将前后两段素材对齐。按照此方法依次调整对齐时间线上的所有剪辑素材，如图 2-5-29 所示。

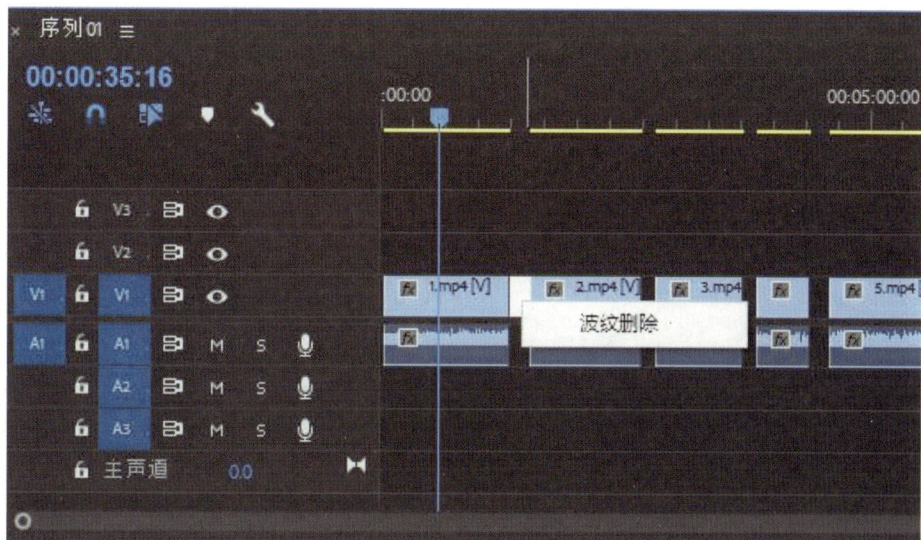

图 2-5-28　"波纹删除"命令

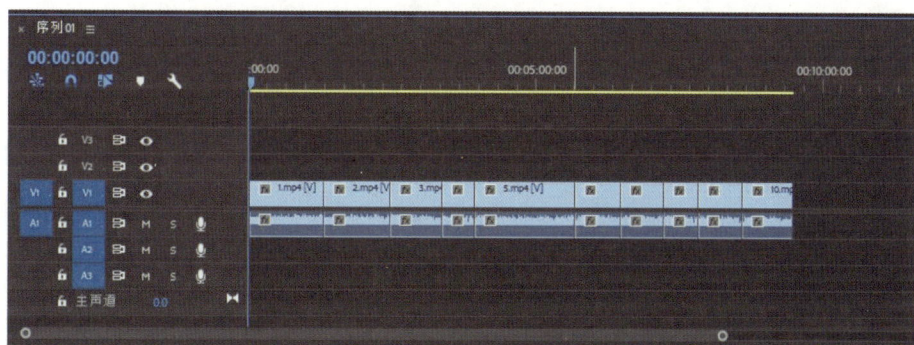

图 2-5-29　依次对齐排列时间线上的剪辑素材

12. 设置音频效果

①将"项目"面板上的"背景音乐.mp3"文件拖动到音频轨道 2 中，如图 2-5-30 所示。

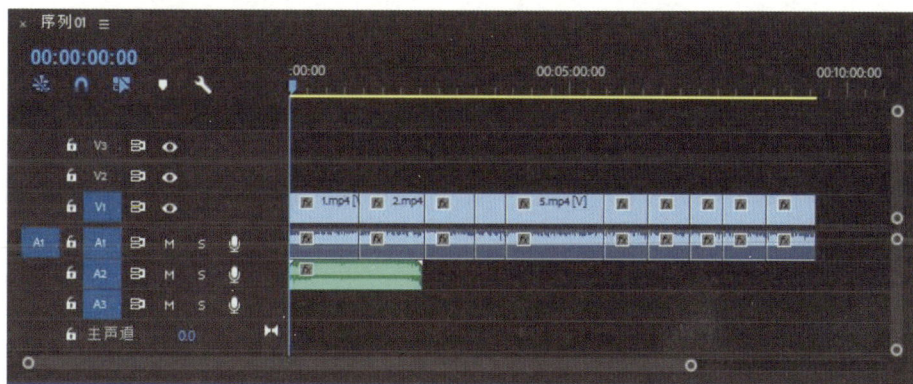

图 2-5-30　拖入音频素材

②按住 Alt 键同时在音频轨道 2 中拖动"背景音乐.mp3"文件，复制"背景音乐.mp3"文件，让背景音乐文件适合视频的长度，如图 2-5-31 所示。

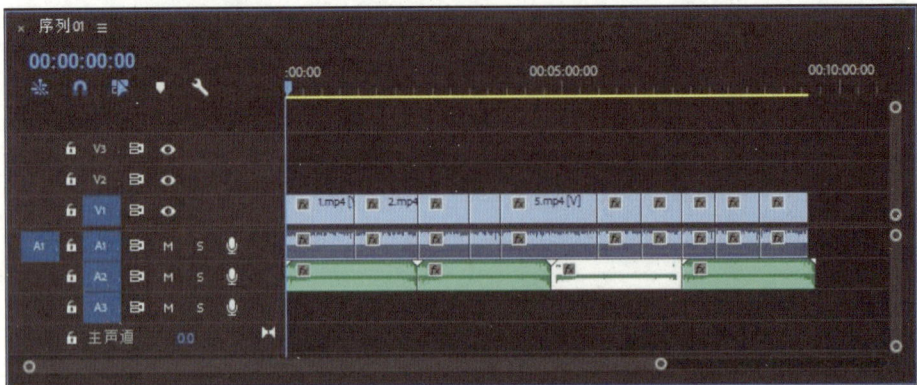

图 2-5-31　复制音频素材

③选择音频素材，使用箭头工具，按住鼠标左键向左拖动，使音频素材与视频素材对齐，如图 2-5-32 所示。

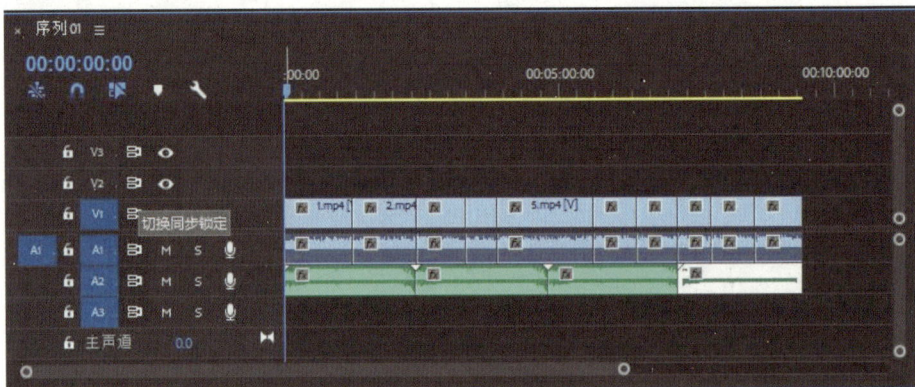

图 2-5-32　对齐音视频素材

④点击"效果"面板，选择"音频过渡"选项下的"指数淡化"，用鼠标左键选中并拖动到"时间线"面板音频轨道 2 上素材的结尾，然后再释放鼠标。使音频产生淡出效果，即声音会产生渐渐消失的效果，如图 2-5-33 所示。

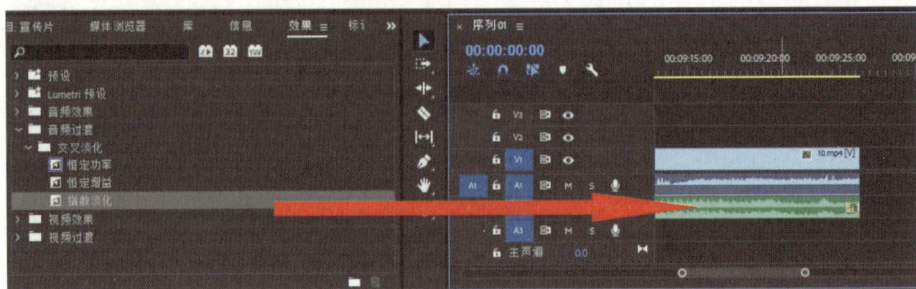

图 2-5-33　设置音频淡出效果

13. 添加标题字幕

选择工具栏文字工具，在"节目监视器"面板输入标题字幕"青春正当时"。打开效果控件，可以修改文本的字体、大小、位置等基本属性，同时也可以设置填充颜色、描边、阴影个性，如图 2-5-34 所示。

图 2-5-34　添加标题字幕

14. 添加转场效果

在"效果"面板上将相应的效果拖动到"时间线"面板两段素材中间即可添加视频转场，使镜头连接更加流畅。接下来我们在 7 素材与 8 素材之间添加一个转场效果。

打开"效果"面板，单击"视频过渡"文件夹前的三角形按钮将其展开，再找到"溶解"文件夹将其展开，选中"渐隐为黑色"转场效果。将"渐隐为黑色"转场效果拖动到时间线 7 素材和 8 素材中间，为其添加带有渐隐为黑色样式的转场效果，如图 2-5-35 所示。

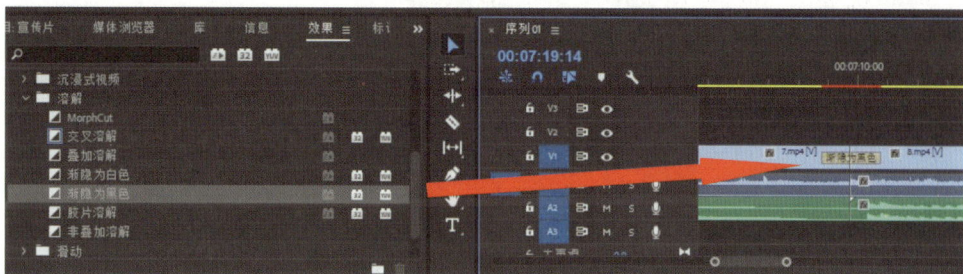

图 2-5-35　添加转场效果

我们也可以在一段素材的开头和结尾添加视频过渡效果，选择"视频过渡"文件夹下的"滑动"文件夹，选择"推"过渡效果并添加到文本图形的开始和结尾，如图 2-5-36 和图 2-5-37 所示。

图 2-5-36　开始的"推"转场效果

图 2-5-37　结尾的"推"转场效果

15. 导出媒体

导出媒体是将编辑好的项目文件以视频的格式输出。在确认视频剪辑无误后，选择"文件"→"导出"→"媒体"命令进行视频导出，打开输出对话框，在"格式"下拉菜单中选择"H.264"视频格式，如图 2-5-38 所示。

点击输出名称，可以修改视频输出路径和文件名称。浏览"摘要"部分，检查与自己的要求是否匹配。如果确认无误，点击下方"导出"选项，即可输出视频文件，如图 2-5-39 所示。

图 2-5-38　选择输出视频格式

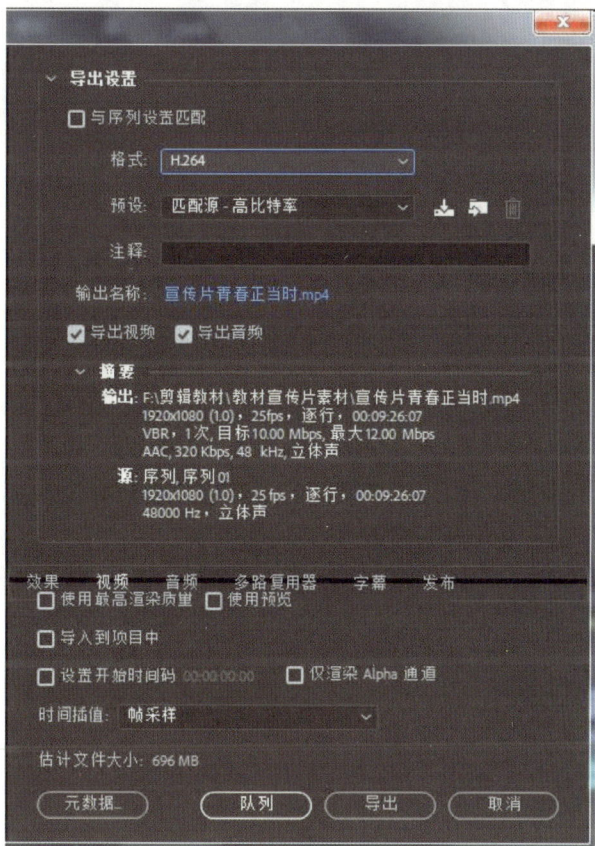

图 2-5-39　检查视频导出设置

六、使用剪辑工具

(一)选择剪辑工具(箭头工具)

1. 选择素材片段

在"选择工具" ▶ 状态下用鼠标点击素材，即可选择素材；配合 Shift 键可选择多个素材；对音视频素材，按住 Alt 键，可单独选择音频或视频。用鼠标左键拖动，可框选多个素材，如图 2-6-1 所示。

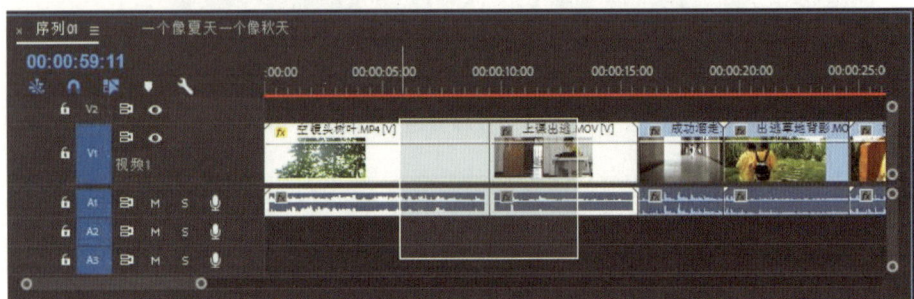

图 2-6-1　框选多个素材

2. 剪辑素材片段

将鼠标放在素材之间，按住 Ctrl 键可以移动素材到指定位置，如图 2-6-2 所示。

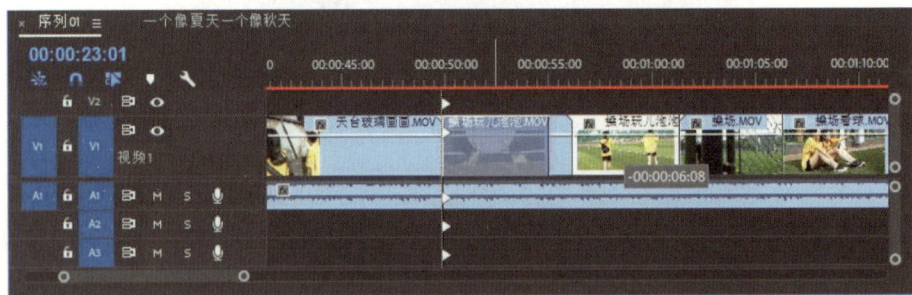

图 2-6-2　移动素材

将"选择工具"光标放在序列中要缩短或延长的某个素材片段的左边或右边缘上，光标变成带左右箭头的红色中括号 ▶, 按住鼠标左键，并水平拖动鼠标，以缩短或延长该素材(素材片段的入点、出点是原始素材的入点、出点时，则不能延长该素材)。

当拖动鼠标时，素材被调节的入点或出点画面显示在"节目监视器"窗口中，素材的开始或结束的时间码地址也同时显示在画面中。当出现所需要的入点或出点画面时，释放鼠标左键。序列中的该素材被重新设置了新的入点或出点，改变了该素材原有的长度，如图 2-6-3 所示。

图 2-6-3　剪辑素材

(二)确定轨道选择工具

"工具"面板上有两个轨道选择工具，分别是向前轨道选择工具 和向后轨道选择工具 ，可以对目标素材之前或之后的所有镜头进行整体移动，如图 2-6-4 所示。

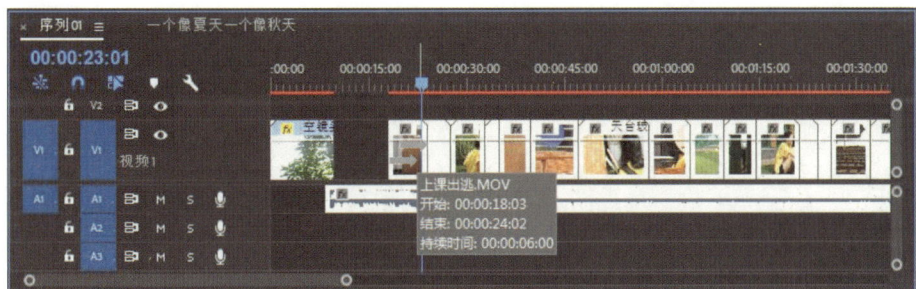

图 2-6-4　使用轨道选择工具移动素材

(三)分割素材片段

如果要剪断视频素材，选择使用剃刀工具 ，在素材要分割的位置点击，即可剪断该素材，如图 2-6-5 所示。配合 Shift 键可以剪断在时间点上的全部轨道的素材；配合 Alt 键可以忽略链接而单独裁剪视频或音频，免去解开链接的步骤。剃刀工具的快捷键是 Ctrl＋K（激活轨道）和 Ctrl＋Alt＋K（全部轨道）。

图 2-6-5　使用剃刀工具分割素材

(四)选择波纹剪辑工具

波纹剪辑工具可用于改变序列中某个素材片段的长度，而不影响轨道其他素材的长度；相邻素材会自动适应移动，吸附在该素材的左右，不需要再单独移动。

在"工具"面板上选择"波纹剪辑工具" ，然后将光标放在相邻两个素材的连接处，光标变成带左右箭头的黄色中括号式指向箭头，按住鼠标左键并水平拖动，改变其中一个素材的入点（或者改变其相邻素材的出点），以调节该素材的长度（该素材片段的入点、出点是原始素材的入点、出点时，则不能增加其长度），如图 2-6-6 所示。"节目监视器"面板上显示相邻两素材帧的变化画面（被改变的素材画面变化，其相邻素材画面不变）。当看到被改变素材所需要的画面时，释放鼠标左键。序列中的该素材被重新设置了新的入点或出点，改变了该素材原有的长度。序列中其他素材保持原有长度，但仍然吸附在该素材左右。

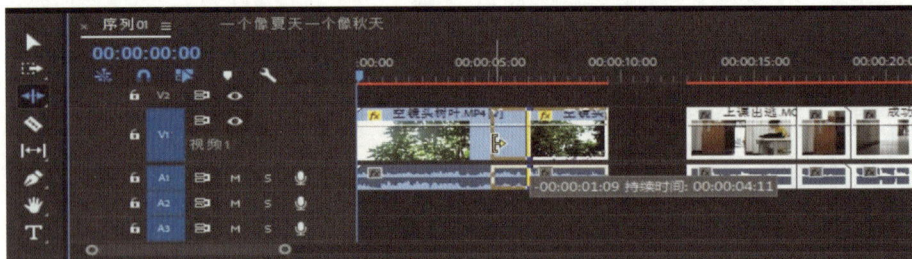

图 2-6-6　使用波纹剪辑工具处理素材

(五)选择滚动剪辑工具

滚动剪辑工具可用于相邻素材的互动剪辑，同时调整相邻素材片段的出点、入点，适合精细调整剪切点。具体来说，滚动编辑工具可以调节序列中相邻两个素材的编辑点，使其中一段素材增长、另一个段素材相应缩短，以保持素材的总长度不变。动作类似于太极里的推手互动。

在"工具"面板上选择"滚动剪辑工具"，把滚动剪辑工具光标放在序列中两个素材的连接处，光标变成 图标样式，按住鼠标左键并水平来回拖动，以调节相邻两个素材的编辑点，如图 2-6-7 所示。"节目监视器"面板上，显示相邻两素材连接的两个单帧画面在变化，左侧画面为鼠标左侧素材片段出点的画面，右侧画面为鼠标右侧素材片段入点的画面。在"节目监视器"面板左下方的时间码则显示编辑点被改变的帧数（正值表示编辑点向左移动，负值表示编辑点向右移动）。当看到被改变素材所需要的画面时，释放鼠标左键。序列中其他素材保持原样不变，相邻两素材的总长度不变，仅改变了它们相连的编辑点位置，即一个素材的出点增加（或减少）了帧数，而另一个素材的入点减少（或增加）了相应的帧数。

图 2-6-7 使用滚动剪辑工具处理素材

（六）选择内滑剪辑工具

内滑剪辑工具用于素材位置的挪动调整，是用于三段以上素材的剪辑，在保持某一素材片段的入点与出点、长度不变的情况下，改变该素材片段在时间线序列中位置的剪辑方法。它会影响该素材相邻两个素材片段的入点或出点及该素材片段相邻的前后素材的长度，但剪辑素材和相邻素材的总长度不变，即影片的总长度不变。

在"工具"面板上选择内滑剪辑工具 ，在序列中需要编辑的素材片段上，按住鼠标左键，并水平拖动，使该素材片段在序列中的位置发生变化，但其入点与出点不会改变。"节目监视器"面板上显示变化的过程：左侧较大画面为该素材片段左边相邻素材片段的出点画面，右侧较大画面为该素材片段右边相邻素材片段的入点画面，上方两个较小画面分别为该素材片段的入点、出点画面，如图 2-6-8 所示。鼠标右下方显示该素材片段改变的时间码帧数（正值表示左边相邻素材片段的出点与右边相邻素材片段的入点同时向后面改变的时间，负值表示左边相邻素材片段的出点与右边相邻素材片段的入点向前面改变的时间）。到达理想的画面时，释放鼠标左键，该素材片段被水平移动到新的位置，只影响左右相邻素材片段出点、入点的改变，而不影响影片其他素材片段，整个影片的长度保持不变。

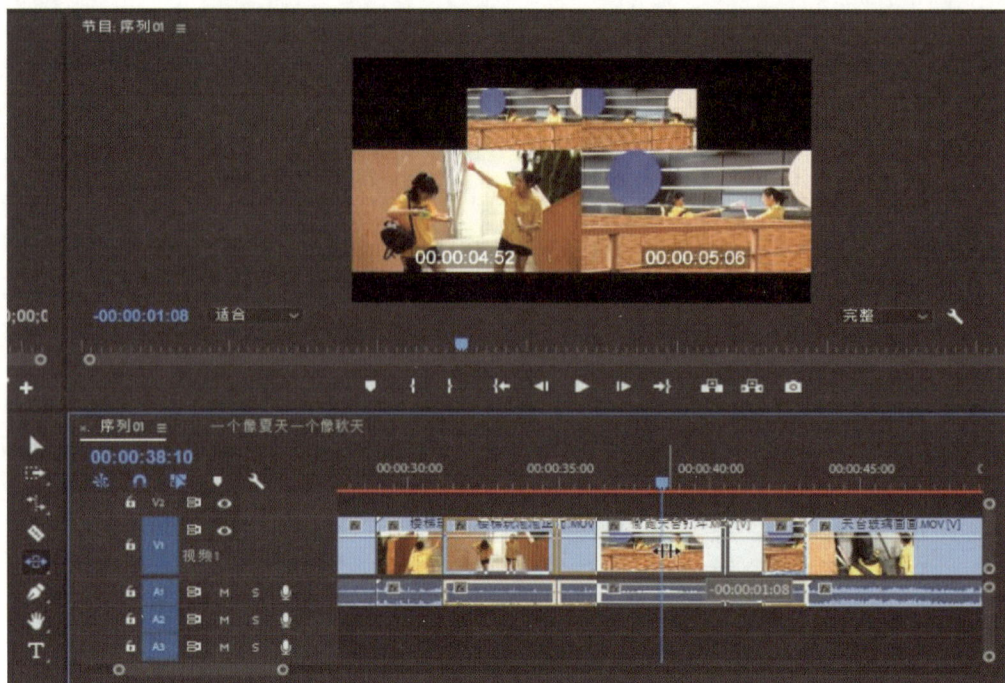

图 2-6-8　使用内滑剪辑工具处理素材

(七)选择外滑剪辑工具

外滑剪辑工具用于素材内容调整,是用于三段以上素材的剪辑,可以同时改变某一个素材片段的入点和出点,不改变其在轨道中的位置,保持该素材入点和出点之间的长度不变,且不影响序列中其他素材的长度的方法。这是非常实用的功能,相当于重新定义素材的出点、入点。

在"工具"面板上选择外滑剪辑工具 $\boxed{\leftrightarrow}$,在序列中需要编辑的素材片段上,按住鼠标左键水平拖动,使该素材的入点和出点以相同帧数改变。在"节目监视器"面板上同时显示该素材入点和出点画面变化的过程:左侧预览画面为该素材入点的画面,右侧预览画面为该素材出点的画面,左侧上方的小画面为该素材左边相邻素材片段的出点画面,右侧上方的小画面为该素材右边相邻素材片段的入点画面,如图 2-6-9 所示。"节目监视器"面板左下方的时间码和鼠标下方都会显示该素材入点、出点被改变的时间码帧数(正值表示该素材片段向右移动的帧数,负值表示该素材片段向左移动的帧数)。在达到理想的画面时,释放鼠标左键,该素材新的入点和出点便确定,其长度不变,且不影响相邻素材片段和整个影片的长度。

(八)选择比率拉伸工具

比率拉伸工具用于调节改变素材的长度,但不改变素材入点、出点间的画面内容,

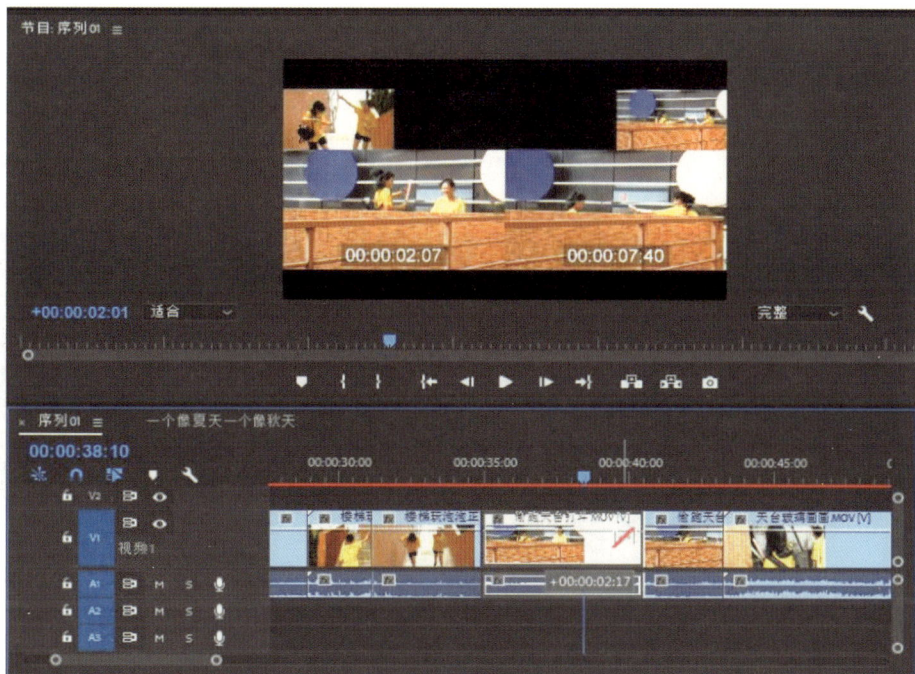

图 2-6-9　使用外滑剪辑工具处理素材

而是改变素材的播放速率。在需要用素材撑满不等长的空隙时，如果调节速率百分比
是非常困难的，运用这个工具就变得方便，直接拖动改变长度就行了，如图 2-6-10
所示。

图 2-6-10　使用比率拉伸工具处理素材

　　在工具箱中选择"比率拉伸工具"，光标变成比率拉伸工具图标 ▨ ，然后将光标
放在序列中需要调节的某个素材的左边缘或右边缘，按住鼠标左键并水平拖动，改变
该素材原有的长度。"节目监视器"面板左下方的时间码则显示该素材入点（或出点）被
改变的帧数（正值表示该点向右移动的帧数，负值表示该点向左移动的帧数），以便改
变素材的播放速度（被改变的素材在序列中左右有空位时才能增加长度，使播放速度变
慢；否则只能缩短该素材的长度，使该素材播放速度变快）。序列中其他素材仍保持原

样不变。

(九)选择钢笔工具

钢笔工具用于在时间线轨道上产生声音起伏和画面透明度的变化,以创建关键帧动画,如图 2-6-11 所示。

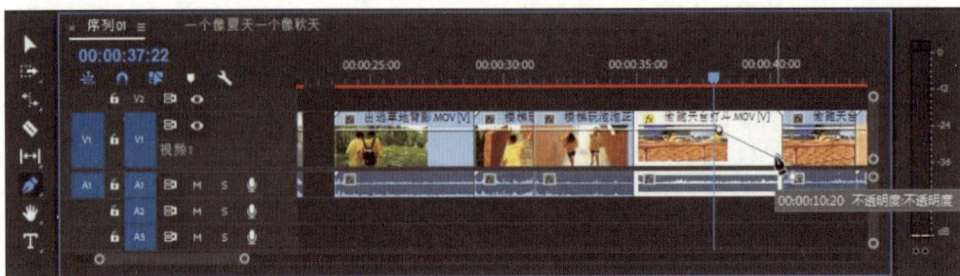

图 2-6-11　使用钢笔工具处理素材

(十)选择手形工具

手形工具用来移动时间线上的视频画面。将画面放大后,用手形工具来移动画面,便于细节的观看和操作,如图 2-6-12 所示。

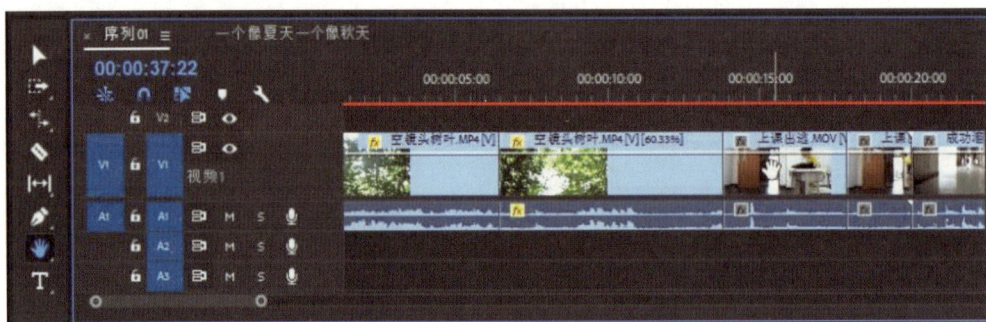

图 2-6-12　使用手形工具处理素材

(十一)选择缩放工具

使用缩放工具可放大观看。在时间线轨道的素材上单击即可放大素材,连续单击可连续放大;借助 Alt 键单击可以缩小。用缩放工具框选素材,对框选部分进行放大,如图 2-6-13 所示。

(十二)剪辑工具使用练习——不随便要陌生人给的东西

我们通过各个剪辑点的剪接,使用波纹、滚动、内滑、外滑等剪辑工具精细调整,掌握素材画面的精确剪辑方法。

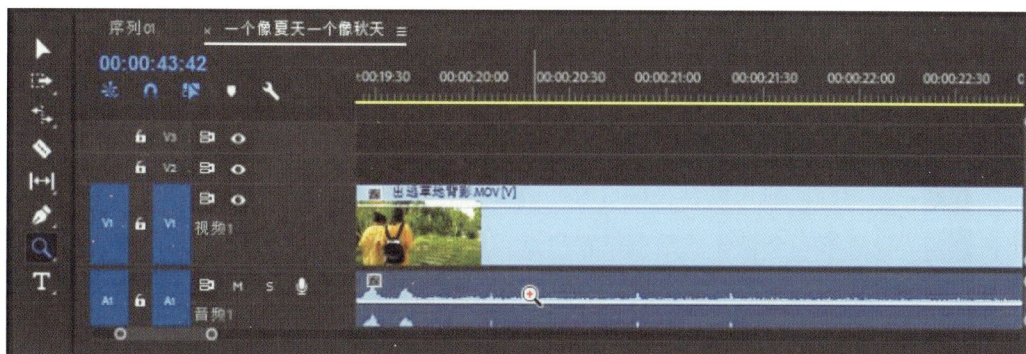

图 2-6-13　使用缩放工具处理素材

1. 新建项目

运行 Premiere Pro CC，选择"新建项目"选项，在"新建项目"窗口，命名项目为"宪法宣传"。

2. 导入素材

双击"项目"面板的空白处，打开导入对话框，选择导入"宪法宣传1～6"视频文件，单击"打开"按钮导入素材，如图 2-6-14 所示。

图 2-6-14　导入素材到项目面板

3. 在"源监视器"面板上挑选素材片段

我们通过设置入点和出点的方法来剪辑素材，根据故事情节挑选有用的部分编入影片。

（1）设置第一个镜头

双击"项目"面板上的"宪法宣传1"，在"源监视器"面板上观看这段素材。拖动时间线指针或通过点击播放按钮寻找素材。在时间码00：00：00：00位置，单击标记入点按钮 ，确定画面的入点。在窗口时间码显示00：00：02：16位置，单击标记出点按钮 ，设置第一个镜头的结束位置出点，如图2-6-15所示。

图 2-6-15　设置第一个镜头

按住鼠标左键，将"源监视器"中的画面拖动至"时间线"面板的空白处。当鼠标变成 时，释放鼠标左键，即可新建一个与素材相同属性的序列，并完成第一个镜头的选取，如图2-6-16所示。

（2）设置第二个镜头

双击"项目"面板上的"宪法宣传2"，在"源监视器"面板上选择素材有效内容。在时间码00：00：00：15位置，单击标记入点按钮 ，确定画面的入点。在时间码00：00：03：11位置，单击标记出点按钮 ，确定画面的出点，如图2-6-17所示。

图 2-6-16　新建序列和第一个镜头的选取

图 2-6-17　设置第二个镜头

　　用鼠标单击"源监视器"面板下方的插入按钮 ，把剪辑好的素材导入当前时间线轨道上，使素材在时间线指针处排列。

　　(3)设置第三个镜头

　　双击"项目"面板上的"宪法宣传3"，在"源监视器"面板上选择素材有效内容。在时间码 00：00：01：25 位置，单击标记入点按钮 ，确定画面的入点。在窗口时间码显示 00：00：04：02，单击标记出点按钮 ![]，确定画面的出点，如图 2-6-18 所示。

用鼠标单击"源监视器"面板下方的插入按钮 ![]，把在"监视器"窗口剪辑好的素材导入当前时间线轨道。

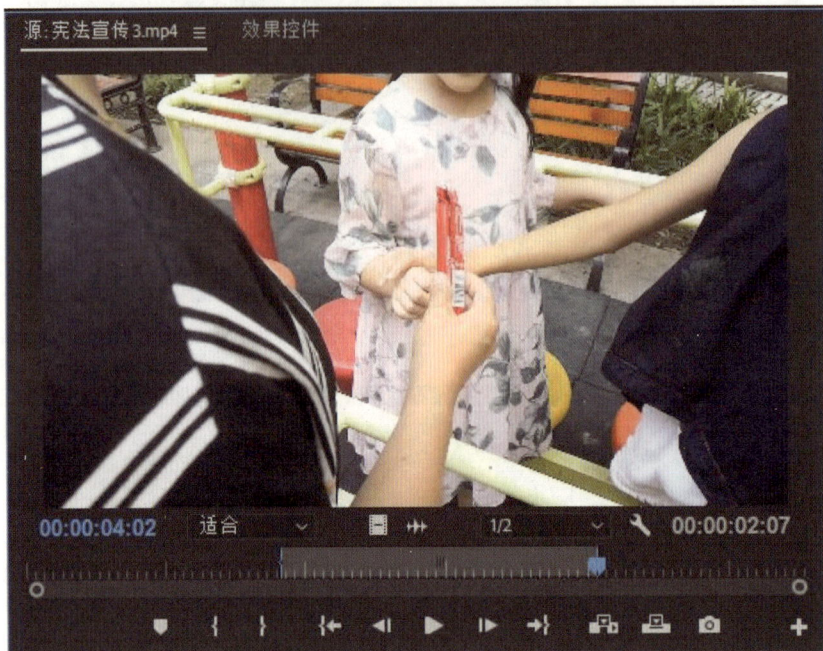

图 2-6-18   设置第三个镜头

（4）设置第四个镜头

双击"项目"面板上的"宪法宣传4"，在"源监视器"面板上选择素材有效内容。在时间码 00：00：14：19 位置，单击标记入点按钮 ![]，确定画面的入点。在时间码 00：00：16：25 位置，单击标记出点按钮 ![]，确定画面的出点，如图 2-6-19 所示。

用鼠标单击"源监视器"面板下方的插入按钮 ![]，把在"监视器"窗口剪辑好的素材导入当前时间线轨道。

（5）设置第五个镜头

双击"项目"面板上的"宪法宣传5"，在"源监视器"面板上浏览素材。在时间码 00：00：00：26 位置，单击标记入点按钮 ![]，确定画面的入点。在时间码显示00：00：03：17 位置，单击标记出点按钮 ![]，确定画面的出点，如图 2-6-20 所示。

用鼠标单击"源监视器"面板下方的插入按钮 ![]，把在"监视器"窗口剪辑好的素材导入当前时间线轨道。

（6）设置第六个镜头

双击项目面板上的"宪法宣传6"，在"源监视器"面板上选择素材有效内容。在时间

图 2-6-19　设置第四个镜头

图 2-6-20　设置第五个镜头

码 00：00：01：06 位置，单击标记入点按钮 ▮，确定画面的入点。在时间码 00：00：04：26 位置，单击标记出点按钮 ▮，确定画面的出点，如图 2-6-21 所示。

图 2-6-21　设置第六个镜头

用鼠标单击"源监视器"面板下方的插入按钮 ▮，把在"监视器"窗口剪辑好的素材导入当前时间线轨道。

4．在"时间线"面板整理（精剪）素材片段

①素材"宪法宣传 2"结尾的镜头有些拖沓并和下一个特写镜头动作重复，衔接不流畅，需要适当缩短镜头。使用波纹剪辑工具，拖动素材的右边缘，向左移动 29 帧，时间缩短，后面的素材跟着移动。调整后动作更加流畅，如图 2-6-22 所示。

图 2-6-22　用波纹剪辑工具调整素材

②调整素材"宪法宣传 4"与素材"宪法宣传 5"两段素材的位置。使用选择工具，按住 Ctrl＋Alt 键，同时用鼠标左键按住素材"宪法宣传 5"，向左拖动至素材"宪法宣传 4"开始的位置，释放鼠标左键，完成两段素材顺序的调整，如图 2-6-23 所示。

③素材"宪法宣传 5"中姐姐的镜头停留时间稍长，用波纹剪辑工具将素材"宪法宣传 5"缩短 1 秒 11 帧。具体操作是用波纹剪辑工具在素材"宪法宣传 5"和素材"宪法宣传

图 2-6-23　用选择工具调整素材

6"连接点处，向左拖动 1 秒 11 帧画面，如图 2-6-24 所示。

图 2-6-24　用波纹剪辑工具缩短素材

④为了使镜头切换更顺畅，需要调整素材"宪法宣传 4"的镜头内容，用外滑工具将素材"宪法宣传 4"镜头后退 1 秒 8 帧。具体操作是选择外滑工具，用鼠标单击素材"宪法宣传 4"，向右拖动 1 秒 8 帧画面，如图 2-6-25 所示。

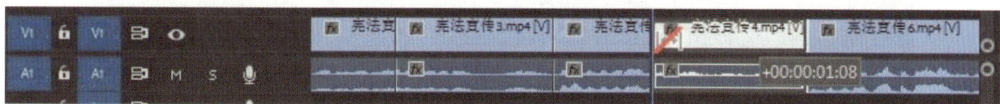

图 2-6-25　用外滑工具调整素材

⑤用滚动工具改变素材"宪法宣传 5"与"宪法宣传 6"之间的剪辑点，让小姑娘点头动作切换更加流畅。具体操作是用滚动工具放在连段素材的连接点处，按住鼠标左键向左右拖动 21 帧画面，如图 2-6-26 所示。

图 2-6-26　用滚动工具调整素材

七、编辑动作画面

为了让视频作品更加丰富多彩，我们可以通过添加动画关键帧使画面产生移动、旋转、缩放以及变形等运动效果。动画是由许多单个画面组成的，帧就是动画中的单个画面，视频中的重要画面就是关键帧。当两个关键帧之间产生数值的变化时，计算机会自动计算出两个关键帧之间的变化过程，产生流畅的动画效果。

(一)在"效果控件"面板处理关键帧

1. 建立关键帧

建立关键帧应先选中要建立关键帧的素材，打开"效果控件"面板的运动属性，如图 2-7-1 所示。然后将时间指针移动到要建立关键帧的位置，激活属性前面的"切换动画" ⏱ (秒表)图标，此时时间线指针所处的位置上就会新建一个关键帧。移动时间线指针到合适的位置，单击"添加/移除关键帧" ◆ 按钮，可以继续添加关键帧或移除已有关键帧。也可以通过修改时间线指针所在位置上的任意属性参数来直接建立关键帧。

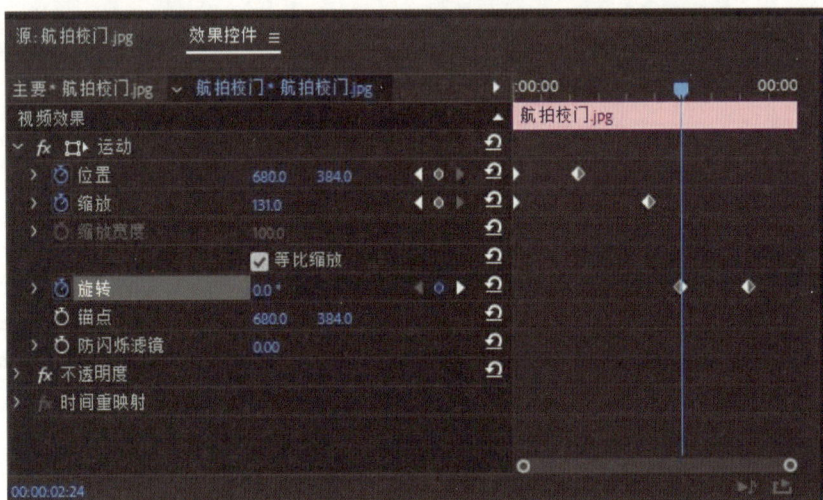

图 2-7-1 "效果控件"面板

2. 利用关键帧导航功能

关键帧导航功能方便关键帧的管理，如图 2-7-2 所示。单击导航三角形箭头按钮，可以把时间线指针移动到前一个或后一个关键帧的位置。

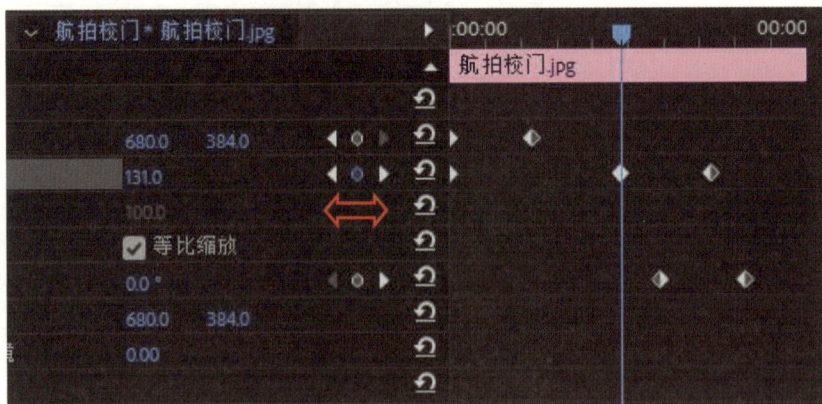

图 2-7-2 关键帧导航功能

单击左侧的三角形标记 ，可以展开各项运动属性的曲线图表，包括数值图表和速率图表，如图 2-7-3 所示。

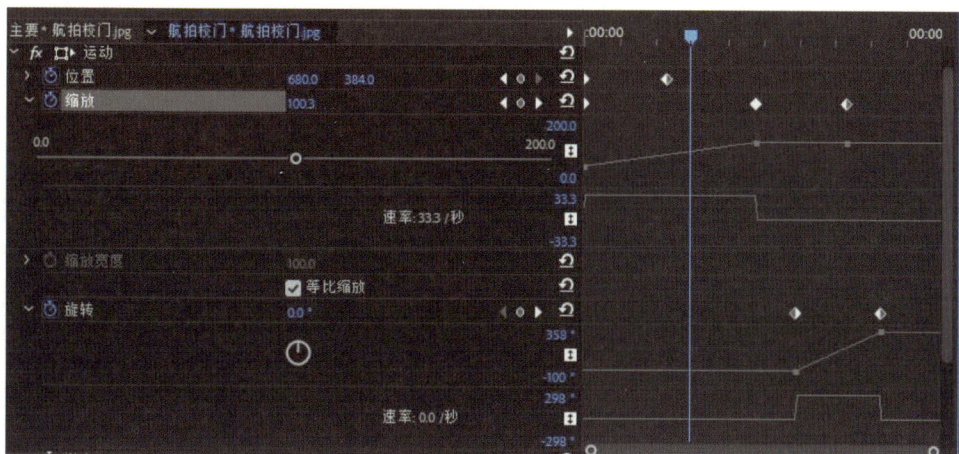

图 2-7-3　展开关键帧图表

3. 选择关键帧

在"效果控件"面板上，用鼠标单击即可选中单个关键帧；选择多个关键帧时，可以用鼠标左键框选，也可以按住 Shift 键逐个点击要选择的关键帧。

4. 修改关键帧

选中要编辑的关键帧，用鼠标左键拖动到目标位置即可；同时移动多个关键帧时，多个关键帧之间的相对位置保持不变。

5. 复制关键帧

选中要复制的关键帧，执行菜单命令"编辑"→"复制"，然后将时间线指针移动至目标位置，执行菜单命令"编辑"→"粘贴"。这是在同一层中同一属性间进行关键帧复制的方法，也可以同时复制多个属性的多个关键帧，方法相同。

6. 删除关键帧

选择要删除的关键帧，执行菜单"编辑"→"清除"，或者选中后再次点击"添加/移除关键帧"按钮移除关键帧；也可以选中后按 Delete 键。

(二)在时间线轨道上处理关键帧

1. 建立关键帧

在时间线轨道上建立关键帧，先要选中建立关键帧的对象图层。将鼠标放在该层轨道交界处，鼠标光标为 时，放大图层轨道。在"序列"面板控制区，单击时间线轨道上"显示设置"按钮 ，弹出时间轴显示菜单，选择"显示视频关键帧"选项，如图 2-7-4所示。

图 2-7-4　时间线轨道的显示菜单

2. 调整关键帧

使用钢笔工具，点击素材上的关键帧控制线，建立关键帧；也可以用钢笔工具拖动关键帧的位置来改变视频或者音频的关键帧参数，如图 2-7-5 和图 2-7-6 所示。

图 2-7-5　视频轨道不透明度关键帧参数设置

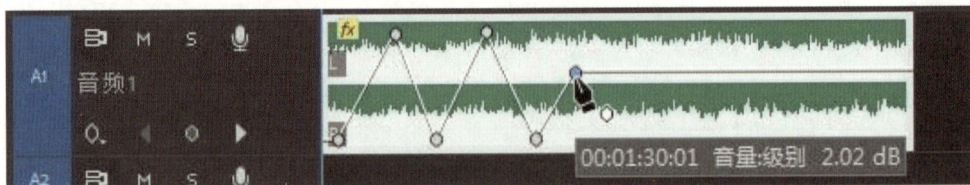

图 2-7-6　音频轨道音量关键帧参数设置

可以对轨道关键帧进行拖动调整，位置的高低表示数值的大小。使用钢笔工具按住 Ctrl 键拖动关键帧，调整控制柄的方向和长度，还可以调整关键帧之间的数值曲线，使关键帧动作更加柔和完美，如图 2-7-7 所示。

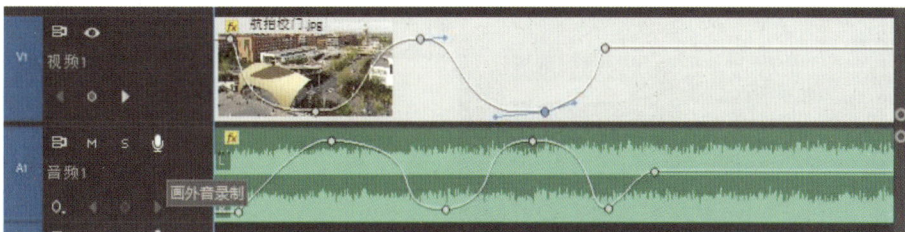

图 2-7-7　调整轨道关键帧的数值曲线

轨道关键帧的选择、复制、粘贴、删除的操作方法与"效果控件"面板的关键帧处理方法相同。

(三)设置运动属性

通过效果控件的运动属性,我们可以对视频轨道的对象进行移动位置、缩放大小、旋转角度、调整中心锚点、设置不透明度等动作属性设定,如图 2-7-8 所示。下面以风景插画为例分别叙述。

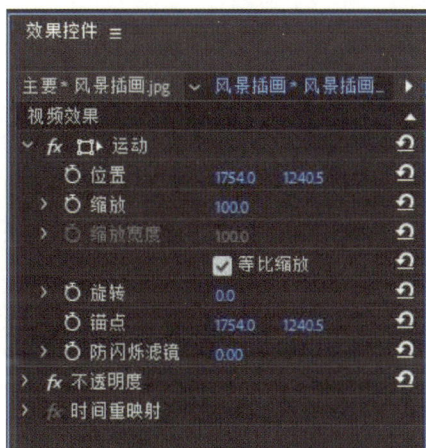

图 2-7-8　设置运动属性

1. 设置位置属性

单击轨道中的云朵素材,使其处于选择状态,打开"效果控件"面板,选择运动属性,"节目监视器"窗口中云朵素材边缘出现范围框,如图 2-7-9 所示。

在"效果控件"面板上,时间码在 00:00:00:00 位置,单击"运动"选项中位置属性的"切换动画"按钮 ,添加关键帧。在"节目监视器"窗口云朵素材范围框上单击并拖动向左上角,完成云朵第一帧的位置设定,如图 2-7-10 所示。

将时间码调整在 00:00:05:00 位置,用鼠标按住云朵素材范围框向右上角拖动;也可以通过改变位置横纵坐标属性数据,调整云朵的位置。云朵产生运动后的效果,如图 2-7-11 所示。

图 2-7-9　云朵素材边缘出现范围框

图 2-7-10　设置云朵的位置

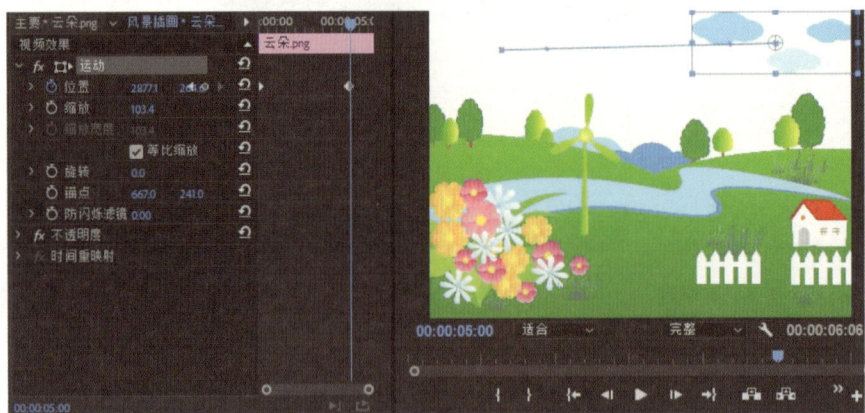

图 2-7-11　设置云朵的运动效果

2. 设置缩放属性

缩放是以中心锚点为基准，通过改变目标对象的百分比来实现目标对象大小的变化。取消等比缩放勾选，可分别单独设置目标的高和宽。可以直接拖动对象边框来缩放目标对象的大小，如图 2-7-12 所示。

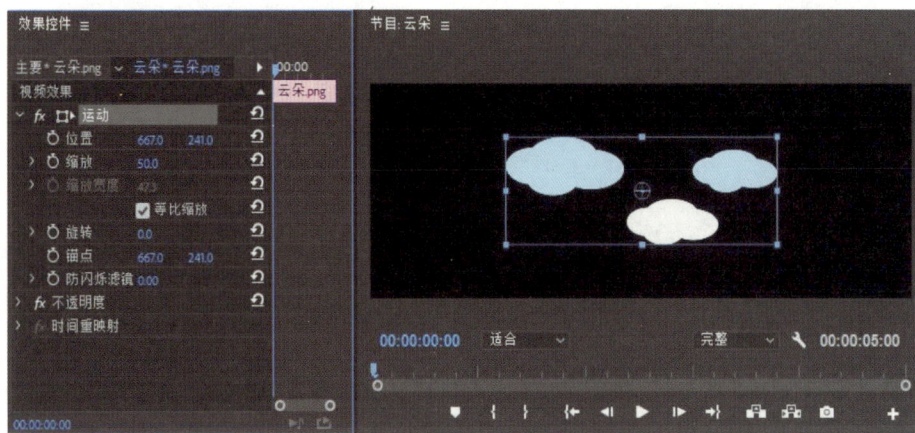

图 2-7-12　拖动边框缩放对象

3. 设置旋转属性

旋转是以对象的轴心点为基准，对目标对象进行任意角度的旋转，以顺时针旋转为正角度，以逆时针旋转为负角度。把鼠标指针移动到"监视器"窗口飞机范围框控制点的左右，当指针变为 █ 形状时，用左键按下拖动可以直接进行旋转，如图 2-7-13 所示。

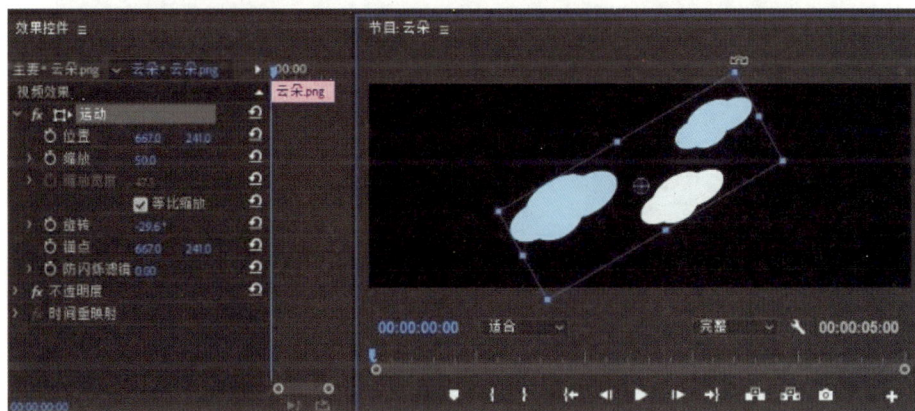

图 2-7-13　旋转对象

4. 设置锚点属性

默认情况下一般都以中锚点为基础进行运动相关属性的设置，锚点也就是物体的轴心点。锚点是物体旋转或缩放等设置的坐标中心。随着锚点的位置变化，物体的运动状态也会发生相应的变化。如转动的风车，当锚点没有在风叶轮的轴心时，风车的转动围绕轴心公转，这种转动不符合事实。改变锚点使其与风车的轴心点吻合在一起，风车的转动就平稳自然了，如图 2-7-14 至图 2-7-15 所示。

图 2-7-14　让风车轮围绕锚点公转

图 2-7-15　将锚点调整到风车的轴心点上

5. 设置透明度属性

物体的不透明度数值越小，透明度越高；物体的不透明度数值越大，透明度越低。

当设置物体的不透明度为 100% 时，物体完全不透明；当设置物体的不透明度为 0 时，物体完全透明，如图 2-7-16 所示。

图 2-7-16 设定透明度

(四)综合动作剪辑案例

我们可以利用图片素材，使用关键帧技术及位置、缩放、旋转、不透明度等属性制作动态电子相册。

1. 新建项目

运行 Premiere Pro CC，新建项目名称为"电子相册"。

2. 导入素材

双击"项目"面板的空白处，打开导入对话框，选择导入"校园生活 1~8"图片文件、背景文件和背景音乐文件，单击"打开"按钮导入素材，如图 2-7-17 所示。

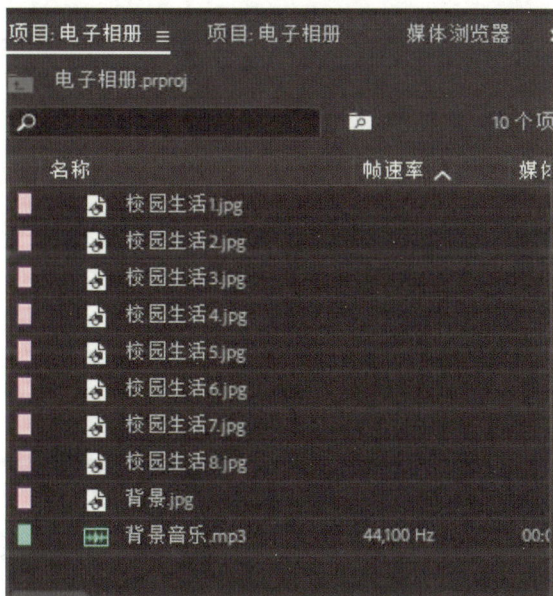

图 2-7-17 导入素材的项目面板

3. 新建序列

将背景素材拖至项目面板的新建项，新建一个与背景素材同样大小的序列，设置背景图片时长为 16 秒。

4. 设计动画

对图片素材进行动画设计，通过设置素材的位置、缩放和旋转的动画属性方法来产生使静止画面动起来的效果。

导入项目中的"校园生活1"图片，拖动到视频轨道2，图片时长为2秒。在时间码00：00：00：00位置，打开位置和缩放属性切换动画开关按钮，添加关键帧，将图片缩放至50%；在时间码00：00：01：00位置，添加位置关键帧参数：1440，270，完成"校园生活1"的画面设置，如图2-7-18所示。

图 2-7-18　"校园生活 1"的画面设置

导入项目中的"校园生活2"图片，拖动到视频轨道2。在时间码00：00：02：00位置，与"校园生活1"相接，图片时长为2秒。在"校园生活2"的"效果控件"面板，在时间码00：00：02：00位置，单击"运动"选项中位置和缩放属性切换动画开关按钮，添加位置关键帧参数：1440，270，将图片缩放至50%。将时间码调整在00：00：03：00位置，在"效果控件"面板，修改"运动"选项中的位置关键帧参数：位置关键帧参数为960，540，旋转关键帧参数为0。将时间码调整在00：00：03：24位置，添加旋转关键帧参数：360，如图2-7-19所示。

图 2-7-19　"校园生活 2"的关键帧参数设置

导入项目中的"校园生活 3"图片，拖动到视频轨道 2，时间码位置为 00：00：04：00，图片时长为 2 秒。在"效果控件"面板上，在时间码 00：00：04：00 位置，打开切换动画 开关按钮，添加关键帧。设置位置关键帧参数为 960，540，添加缩放关键帧参数：50％。将时间码调整在 00：00：05：00 位置，在"效果控件"面板，修改位置关键帧参数为 480，830。完成"校园生活 3"的画面设置，如图 2-7-20 所示。

图 2-7-20 "校园生活 3"的画面设置

导入项目中的"校园生活 4"图片，拖动到视频轨道 2，时间码位置为 00：00：06：00，图片时长为 2 秒。在"效果控件"面板上，在时间码 00：00：06：00 位置，打开切换动画 开关按钮，添加关键帧。设置位置关键帧参数为 480，830。缩放关键帧至 50％，将时间码移至 00：00：07：00，添加关键帧。设置位置关键帧参数为 960，540；旋转关键帧参数为 0，如图 2-7-21 所示。将时间码调整在 00：00：07：24 位置，添加旋转关键帧参数：360。完成"校园生活 4"的画面设置。

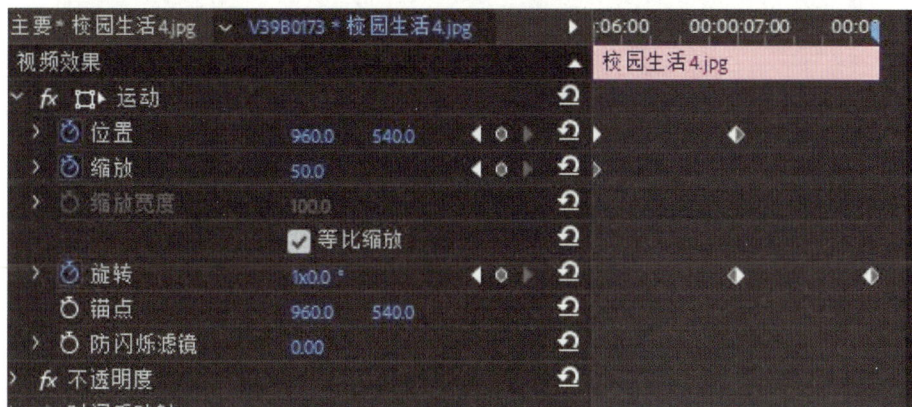

图 2-7-21 "校园生活 4"的关键帧参数设置

导入项目中的"校园生活 5"图片，拖动到视频轨道 2，时间码位置为 00：00：08：00，图片时长为 2 秒。添加缩放关键帧，将图片大小缩放至 50％。在"效果控件"面板，在时间码 00：00：09：00 位置，单击位置切换动画 开关按钮，添加关键帧。设置位置关键帧参数：480，270。完成"校园生活 5"的画面设置，如图 2-7-22 所示。

图 2-7-22　"校园生活 5"的画面设置

导入项目中的"校园生活 6"图片，拖动到视频轨道 2，时间码位置为 00：00：10：00，图片时长为 2 秒。在"效果控件"面板上，在时间码 00：00：10：00 位置，打开切换动画 开关按钮，添加关键帧。设置位置关键帧参数：480，270。缩放关键帧至 50％，将时间码移至 00：00：11：00，添加关键帧。设置位置关键帧参数：960，540；旋转关键帧参数：0，如图 2-7-23 所示。将时间码调整在 00：00：11：24 位置，添加旋转关键帧参数：360。完成"校园生活 6"的画面设置。

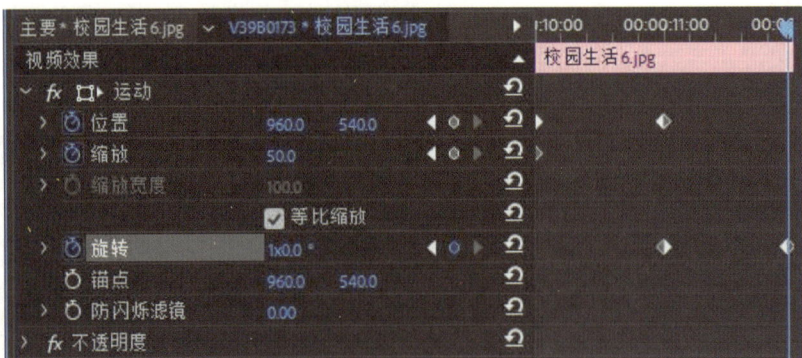

图 2-7-23　"校园生活 6"的关键帧参数设置

导入项目中的"校园生活 7"图片，拖动到视频轨道 2，时间码位置为 00：00：12：00，图片时长为 2 秒。添加缩放关键帧，将图片大小缩放至 50％。在"效果控件"面板，在时间码 00：00：13：00 位置，单击位置的切换动画 开关按钮，添加关键帧。设置位置关键帧参数：480，270。完成"校园生活7"的画面设置，如图2-7-24所示。

图2-7-24 "校园生活7"的画面设置

导入项目中的"校园生活8"图片，拖动到视频轨道2，时间码位置为00：00：14：00，图片时长为2秒。在"效果控件"面板上，在时间码00：00：14：00位置，打开切换动画 开关按钮，添加关键帧。设置位置关键帧参数：1440，810；缩放关键帧至50％。将时间码移至00：00：15：00，添加关键帧。设置位置关键帧参数：960，540；旋转关键帧参数：0，如图2-7-25所示。将时间码调整在00：00：11：24位置，添加旋转关键帧参数：360。完成"校园生活8"的画面设置。

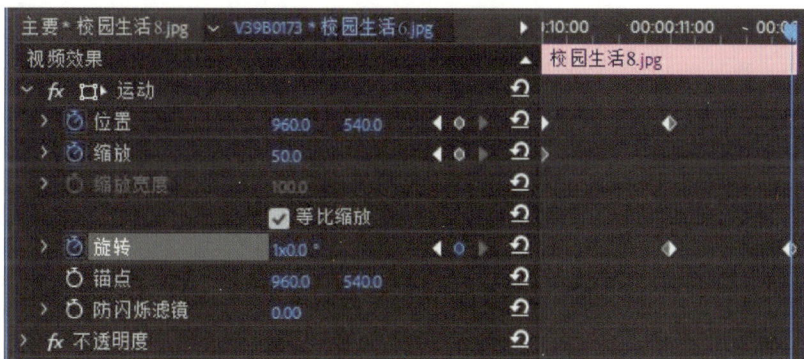

图2-7-25 "校园生活8"的关键帧参数设置

5. 设置音频

导入声音素材，拖入时间线音频轨道，与背景图片对齐，如图2-7-26所示。按回车键渲染，欣赏优美动态的校园生活电子相册。

图2-7-26 添加背景音乐

6. 导出视频

选择文件菜单，导出视频，设置导出格式，选择"H.264 mp4"文件格式，设置输出名称和输出地址，选择导出，如图 2-7-27 所示。

图 2-7-27　导出设置

八、制作字幕

Premiere Pro CC 对字幕制作做了较大改动：新增加的字幕功能可以更方便大量字幕的制作；工具栏里新增加了"文字工具"，可直接用来在画面添加文字，在"基本图形"窗口套用图形模板，调整参数，制作标题字幕；将原来的"字幕"形式改为"旧版标题"。

（一）设置开放式字幕

1. 建立字幕

在菜单栏的"文件"菜单下选择新建字幕命令，弹出"新建字幕"对话框，如图 2-8-1 所示。在"标准"选项中选择"开放式字幕"后点确定，即在"项目"面板显示出"开放式字幕"图标，如图 2-8-2 所示。

2. "字幕"面板简介

双击"开放式字幕"图标，打开"字幕"面板，在"字幕"面板上可以进行制作和修改，如图 2-8-3 所示。

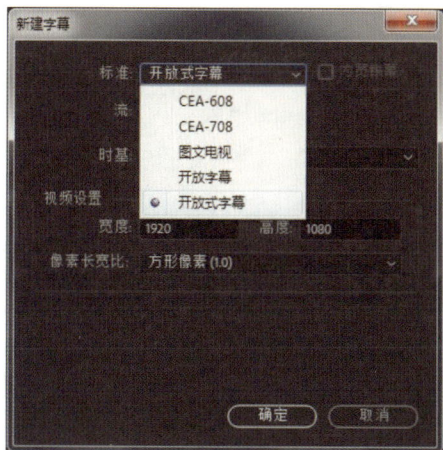

图 2-8-1　"新建字幕"对话框

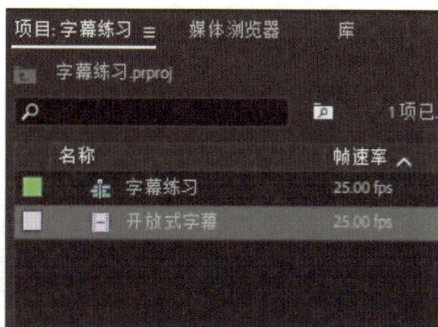

图 2-8-2　"项目"面板上的"开放式字幕"图标

图 2-8-3　打开字幕面板

　　在"字幕"面板上方的字幕设置区域，可以对字幕的字体、大小、边缘、对齐和字体形式（粗体、斜体、下划线）以及添加音乐注释，填充文字颜色、文字背景色、描边颜色及调整文字位置等属性进行设置。

　　在"字幕"面板下方的字幕排列区域，可以输入文字，制作字幕。把字幕拖动到视频轨道上方，可以在"节目监视器"窗口对位字幕与视频画面。用鼠标拖动轨道上的每条字幕就可以改变字幕的显示位置，拖动每条字幕两端的小滑块可以调整字幕的显示时长，使画面与字幕精确对齐，如图 2-8-4 所示。点选"字幕设计"窗口下面的添加文字图标，可以连续添加同类型的字幕。

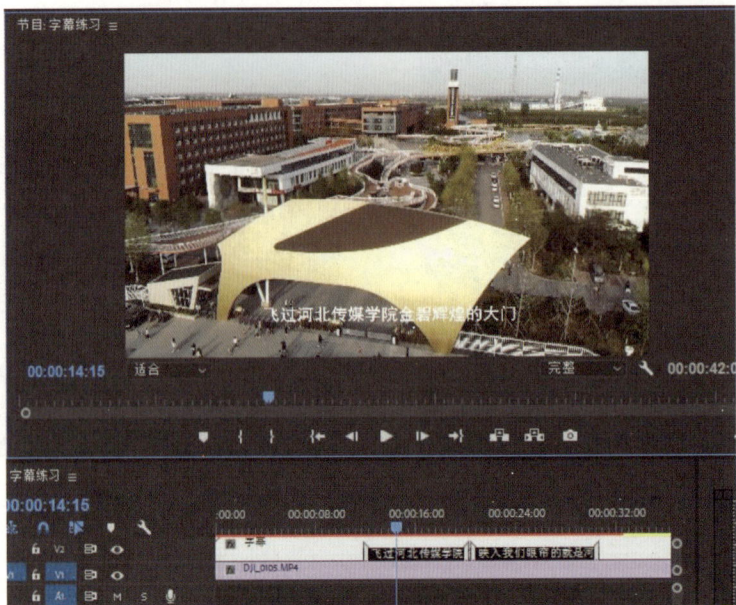

图 2-8-4　字幕与视频画面对位

(二)使用文字工具和图形面板

Premiere Pro CC 的工具条里新增加了一个"文字工具",用来制作标题字幕,如图 2-8-5 所示。

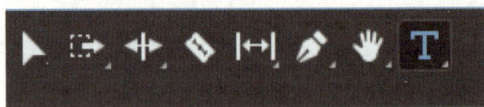

图 2-8-5　文字工具

1. 利用文字工具建立标题字幕

在"节目监视器"窗口点击"文字工具",输入文本文字即可在"序列"面板生成相应字幕,如图 2-8-6 所示。

2. 调整标题字幕

打开"效果控件"面板,可以对标题的字体属性、对齐方式等进行调整;也可以通过"变换"选项中的位置、缩放、旋转等属性给标题添加关键帧动画,如图 2-8-7 所示。

3. 打开"基本图形"窗口

Premiere Pro CC 的"基本图形"窗口是对文字工具建立的标题字幕和图形进行设置、调整的重要窗口。选择"窗口"菜单下的"基本图形"命令,打开"基本图形"窗口,如图 2-8-8 所示。

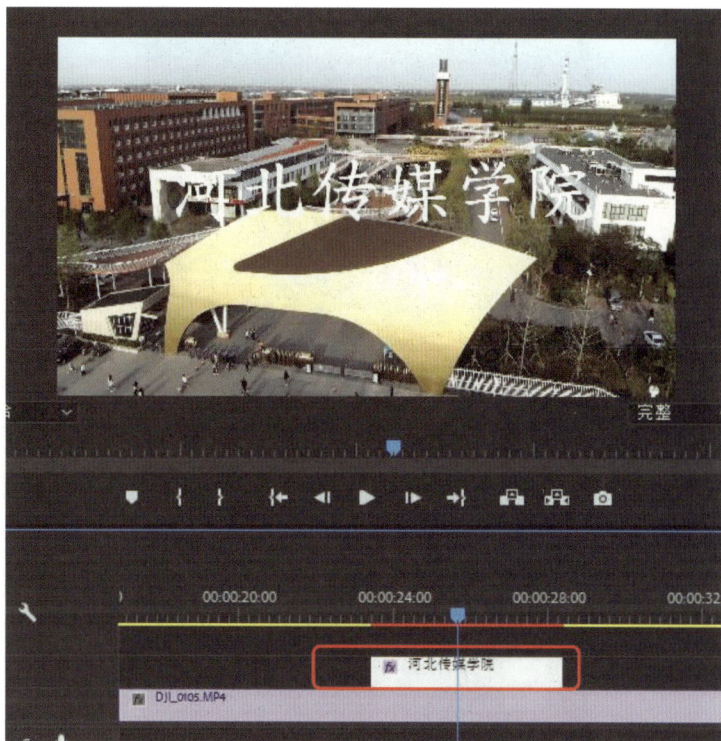

图 2-8-6　建立标题字幕

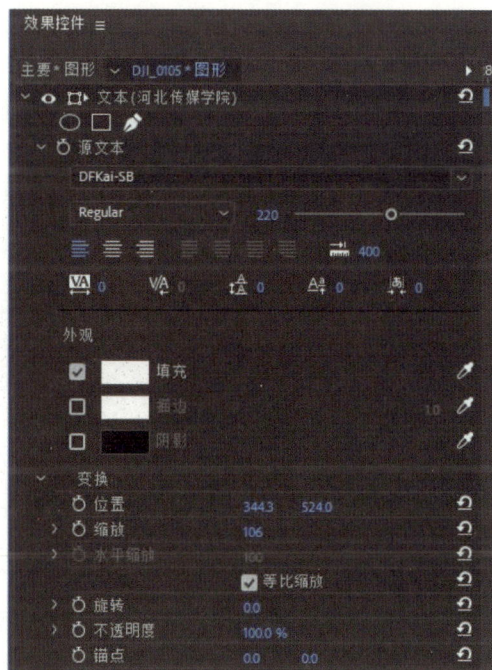

图 2-8-7　调整标题字幕

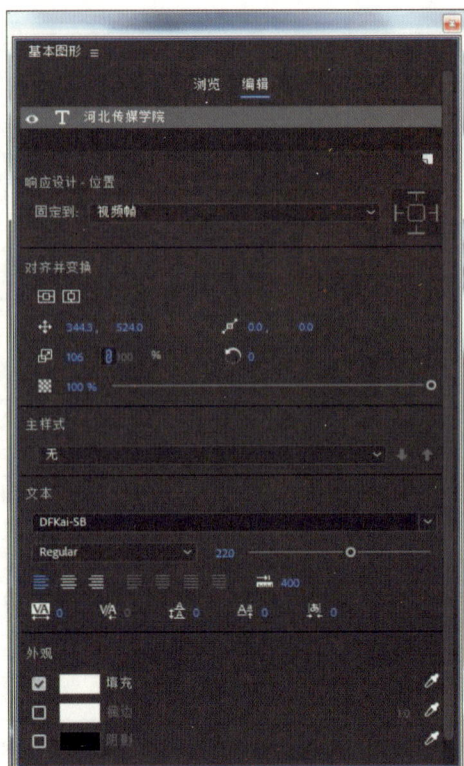

图 2-8-8　"基本图形"窗口

"基本图形"窗口分为浏览和编辑两个模式。

一是浏览模式。Premiere Pro CC 提供了一些漂亮的"基本图形"模板，在浏览模式下可以直接拖入视频轨套用，方便字幕图形制作，如图 2-8-9 所示。

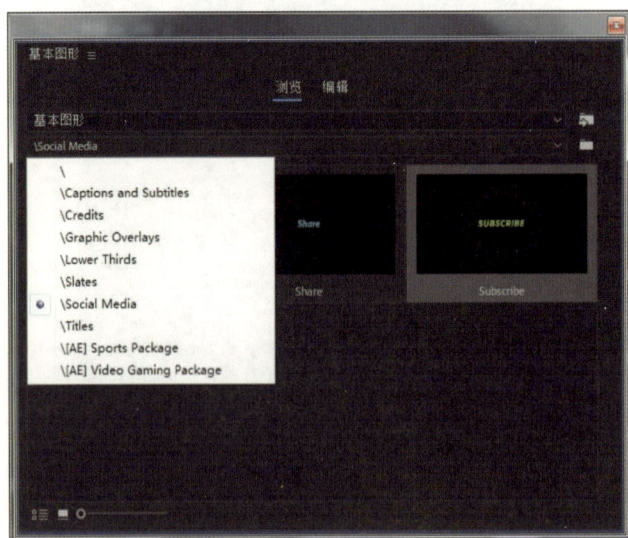

图 2-8-9　浏览模式下的图形模板

二是编辑模式。编辑模式主要包括文本布局、主样式、文本设置、外观设置几个区域设置。

我们可以对选好的图形模板修改文本内容、文本布局、主样式、文本属性、外观等。也可以点击■图标，添加需要的图形、文本等，如图 2-8-10 所示。我们还可以通过节目监视器预览编辑效果，如图 2-8-11 所示。

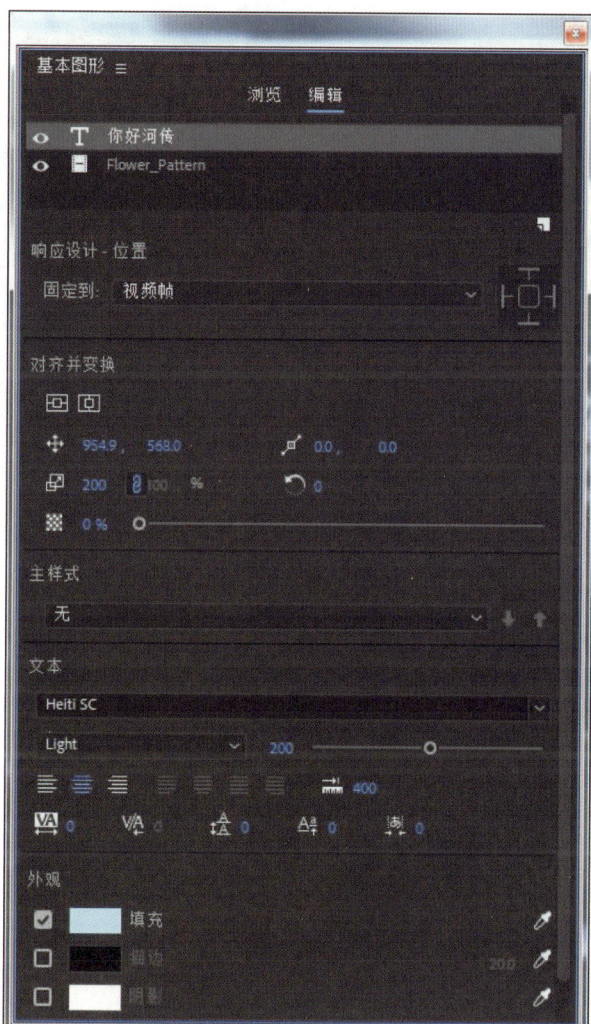

图 2-8-10　编辑模式下的图形模板

也可以将自己制作的标题保存到模板库，右击时间线的字幕图形，在快捷菜单中选择"导出为动态图形模板"命令，如图 2-8-12 所示。即可将自己制作的标题保存到图形模板库中，以便查看，如图 2-8-13 所示。

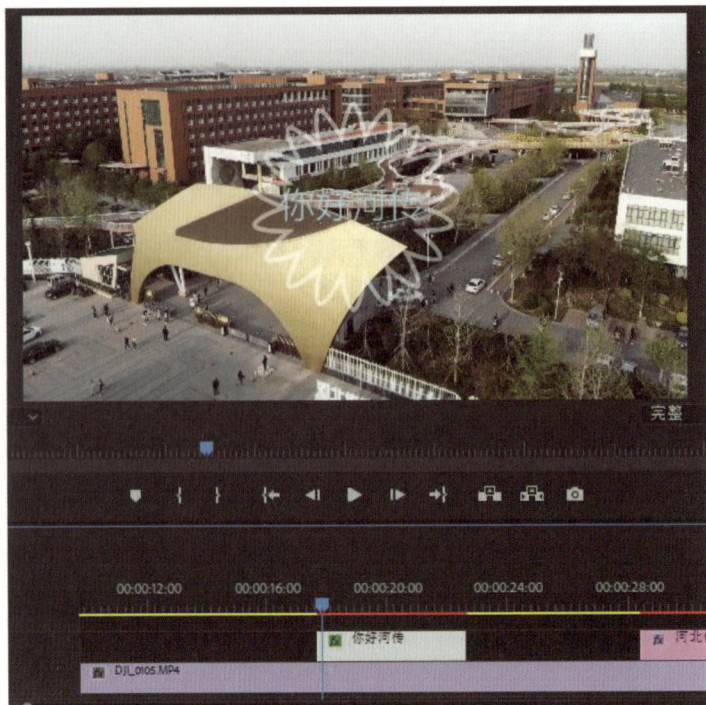

图 2-8-11　预览编辑效果

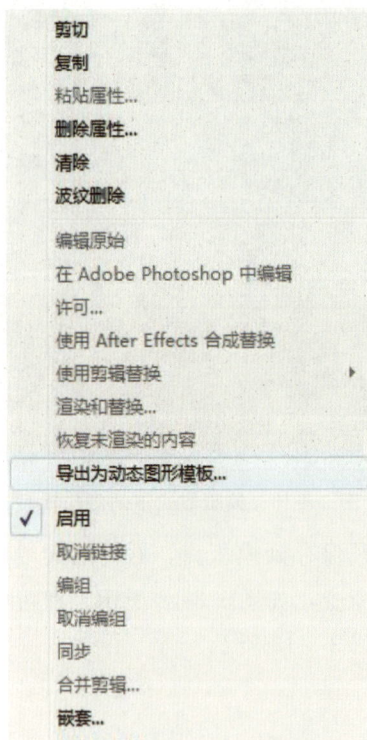

图 2-8-12　导出动态图形模板

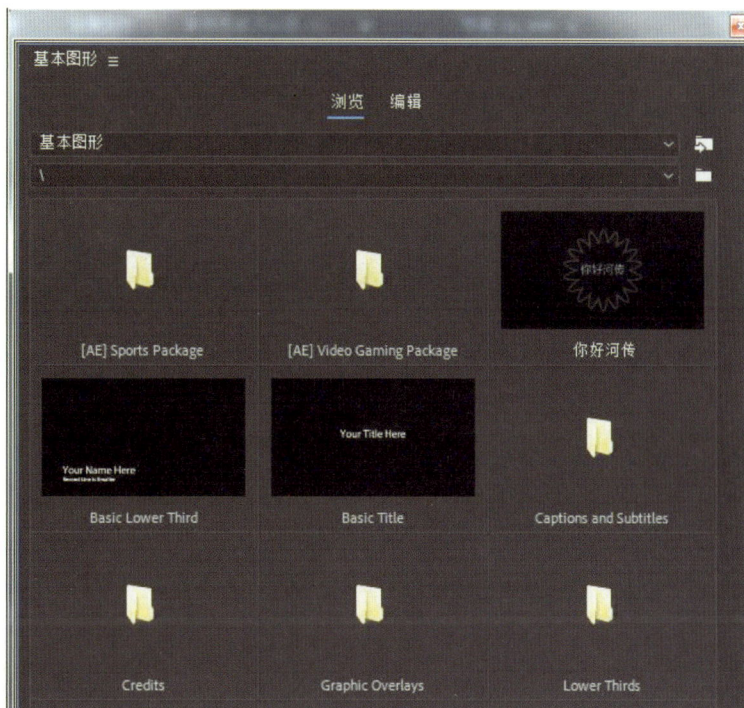

图 2-8-13　查看定制图形模板

(三)设置旧版标题字幕

选择文件菜单，新建旧版标题字幕，如图 2-8-14 所示，接着弹出"新建字幕"对话框，如图 2-8-15 所示。一般情况下，对话框中视频参数采取默认值，可以修改新建字幕的名称，确定后即可打开"旧版标题字幕"面板。

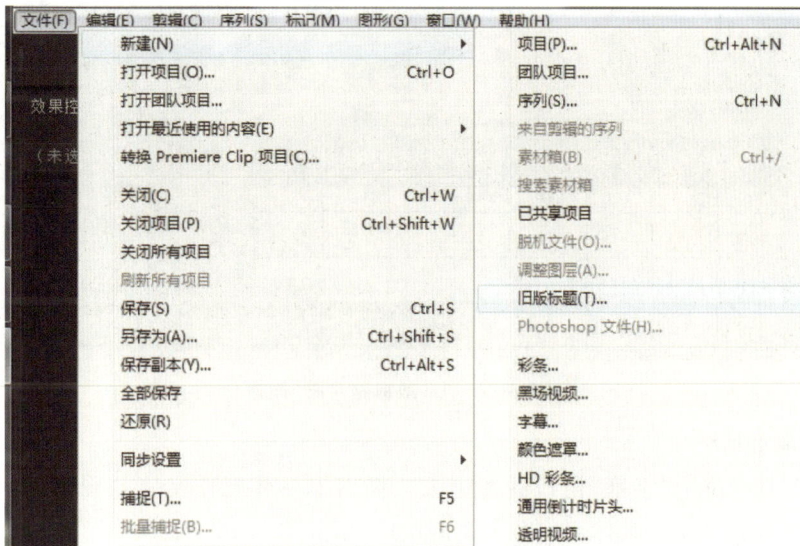

图 2-8-14　新建旧版标题字幕

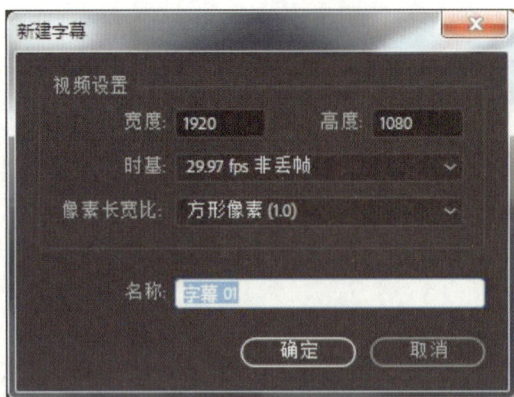

图 2-8-15 "新建字幕"对话框

"旧版标题字幕"面板是创建字幕的主要工作场所，可以完成标题字幕的建立和修改。"旧版标题字幕"面板主要包括以下几个区域：字幕工具栏、字幕设计栏、字幕属性栏、字幕动作栏和字幕样式栏，如图 2-8-16 所示。

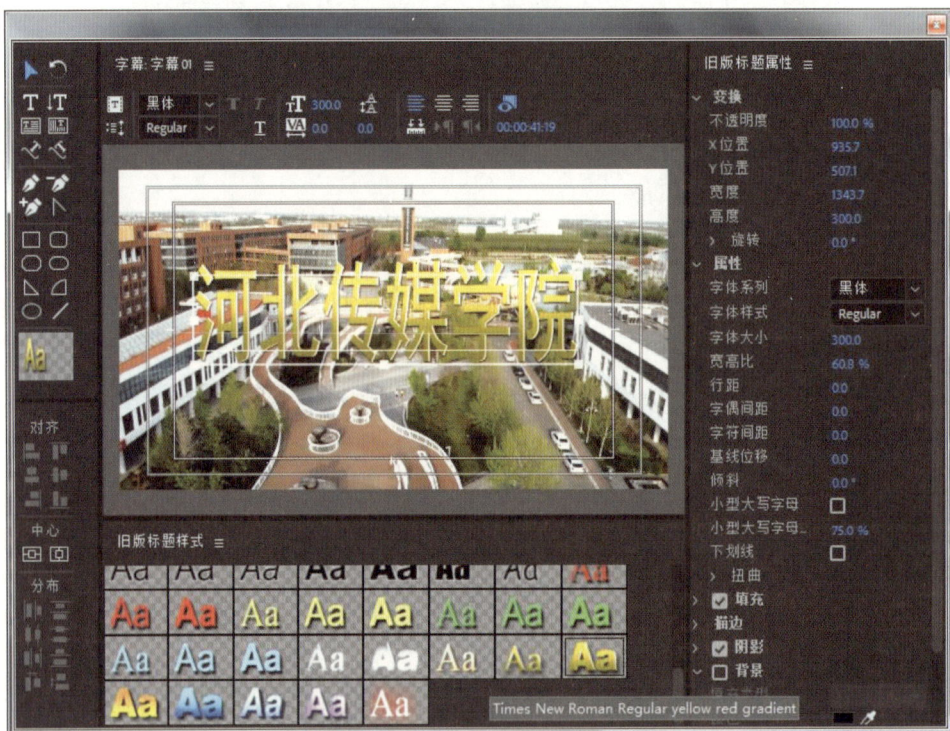

图 2-8-16 "旧版标题字幕"面板

1. 字幕工具栏

字幕工具栏位于"字幕"窗口的左上方，提供了一些制作文字与图形的常用工具，如图 2-8-17 所示。下面具体介绍各工具的用途。

图 2-8-17　字幕工具栏

选择工具 ▶：主要用于对某个对象进行选择或调整大小、位置和旋转的操作。

旋转工具 ↺：主要用于对所选对象进行旋转操作。使用旋转工具时，所选对象必须处于选中状态，按住鼠标左键拖动即可完成对象的旋转。

文字工具 T：主要用于文字的创建。选择该工具，在字幕工作区单击鼠标，当变成闪烁光标时，即可在当前位置输入文字（横向文字）。

垂直文字工具 ↓T：主要用于垂直文字的输入。

区域文字工具 ▦：主要用来输入横向排版文字。

垂直区域文字工具 ▥：主要用来输入纵向排版文字。

路径文字工具 ⤳：选择该工具后，在字幕工作区单击鼠标可以绘制出一条路径，在路径的起点单击鼠标后输入路径文字，文字会平行于路径。

垂直路径文字工具 ⤳：选择该工具，在字幕工作区使用鼠标可以绘制出一条路径，在路径的起点单击鼠标输入文字，输入的文字会垂直于路径。

钢笔工具 ✒：用于创建路径，也可以用来调整使用平行或垂直路径工具所绘制的路径形状。选择该工具，将其放在路径的锚点或手柄上，按住鼠标拖动，即可以调整路径的形状或锚点的位置。

删除锚点工具 ✒：主要用于删除已绘制路径上的锚点。选择该工具，直接在路径锚点上单击鼠标即可删除该锚点。

添加锚点工具 ✒：主要用于在已绘制路径上添加锚点。选择该工具，然后直接在路径上单击鼠标即可添加一个锚点。

转换锚点工具 ：主要用于对路径上的锚点进行调整。选择该工具，在锚点上单击并拖动，可以将锚点转换成曲线点；在曲线点上单击，可以将曲线点转换成锚点。

图形工具：主要包括矩形工具、圆角矩形工具、切角矩形工具、楔形工具、弧形工具、椭圆工具、直线工具等。

2. 字幕设计栏

字幕设计栏位于"字幕"窗口的中央位置，分为上方的常用设置区和下方的字幕演示区，如图 2-8-18 所示。

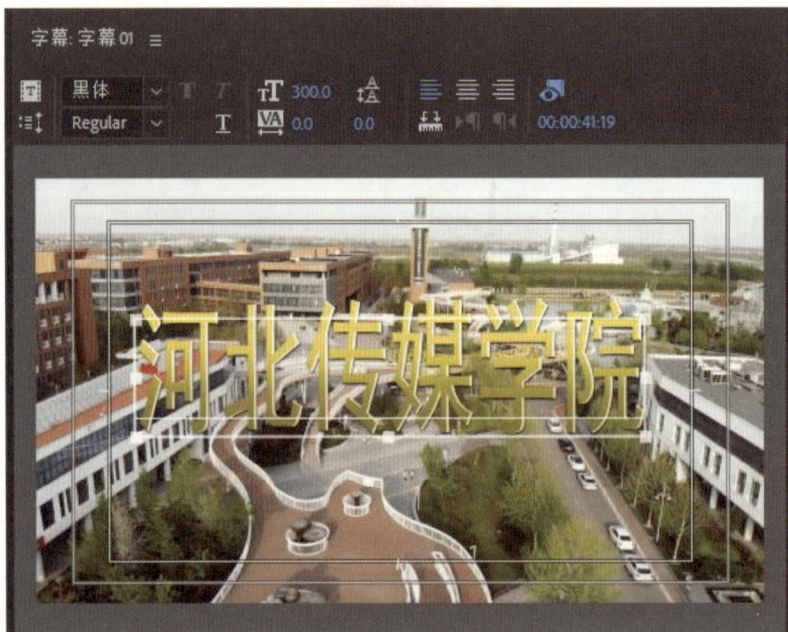

图 2-8-18　字幕设计栏

字幕设计栏可以对字幕进行字体、字形、行间距、对齐等的基本设置，以及新建字幕、滚动字幕等的设置。字幕演示区是用来演示字幕效果，进行各种图文编辑的区域。

（1）常用设置区

"基于当前字幕新建字幕"按钮 ：主要用于在当前字幕基础上创建一个新的字幕。

"游动/滚动选项"按钮 ：单击该按钮，可以设置字幕的运动类型。

（2）字幕演示区

字幕演示区位于整个"字幕"窗口的中间位置，是字幕制作和效果预览的重要部分。这个区域有两个实线方框，其中外侧方框是字幕运动安全区，内侧方框是字幕标题安全区，如图 2-8-19 所示。

图 2-8-19　字幕安全框

3. 字幕属性栏

字幕属性栏位于"字幕"窗口的右侧，是字幕文字或图形参数设置的重要区域。它分为变换、属性、填充、描边、阴影、背景 6 个部分。通过字幕属性栏的参数设置，我们可以设计出丰富多彩的字幕样式，如图 2-8-20 所示。

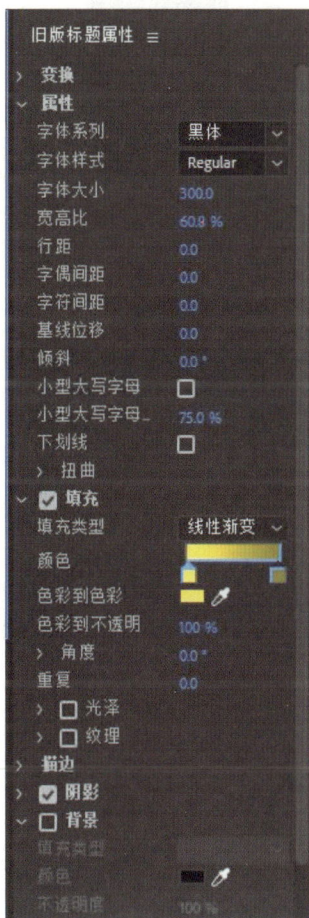

图 2-8-20　变换参数区

4. 字幕动作栏

字幕动作栏位于"字幕"窗口的左下方，主要用于所选择对象的对齐、居中和分布设置，如图 2-8-21 所示。

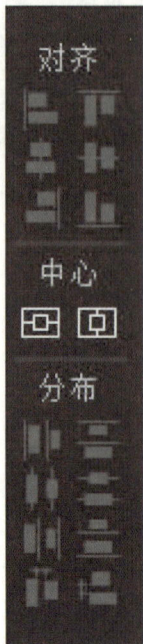

图 2-8-21　字幕动作栏

对齐：对齐至少要选中两个对象才可以应用。

居中：主要用于所选对象与预演窗口的对齐。

分布：主要用于设置所选对象的间距分布对齐，分布对象至少要有 3 个才可以应用该组设置。

5. 字幕样式栏

字幕样式栏位于"字幕"窗口中间下方的位置。选中字幕文本，单击"旧版标题样式"面板，即可应用相应字幕效果，如图 2-8-22 所示。

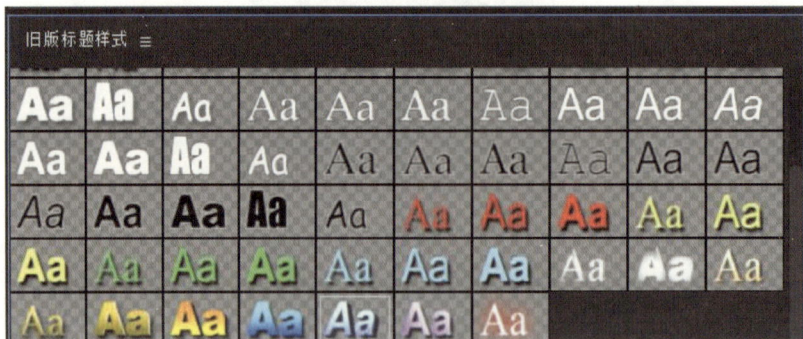

图 2-8-22　旧版标题样式

单击字幕样式栏左上角的菜单 按钮，在字幕样式栏的空白处单击鼠标右键，可以通过新建、复制、删除、重命名等来管理样式库，以方便字幕的制作，如图 2-8-23 所示。

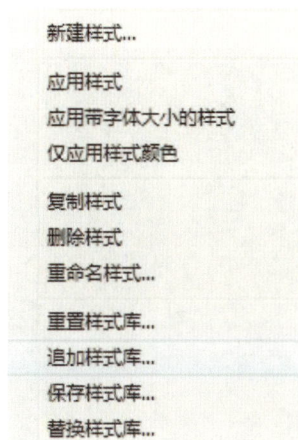

图 2-8-23　"字幕样式"菜单

(四)使用滚动字幕

滚动字幕通常用于电影或电视节目的片尾，作为演职员表和鸣谢播报使用。

1. 建立字幕

用文字工具在节目监视器输入文本信息，在"基本图形"面板修改字体的类型及大小，对文字进行居中对齐，设置如图 2-8-24 所示。

图 2-8-24　建立字幕

2. 设置滚动字幕

用鼠标点击"取消文字激活"，在"基本图形"面板勾选"滚动"选项，展开"滚屏字幕设计"面板，勾选"启动屏幕外"选项。过卷设置为 3 秒，表示字幕最后定格在屏幕的时间为 3 秒。我们以字幕框的下边缘为依据判定滚屏字幕的位置，如图 2-8-25 所示。

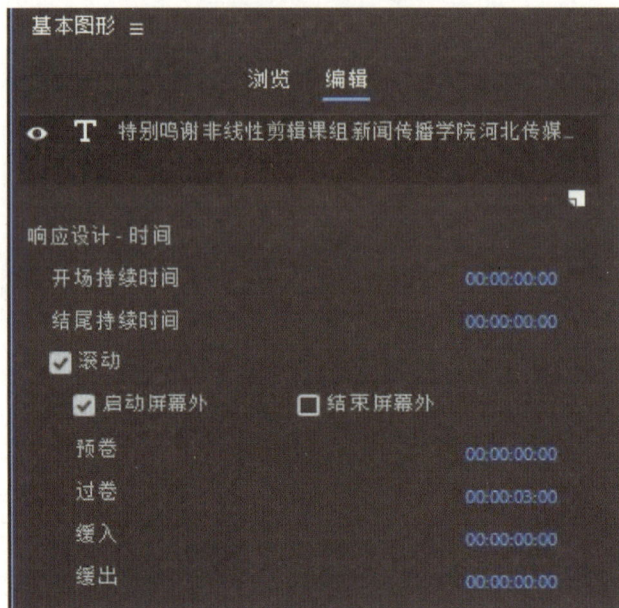

图 2-8-25　调整滚动字幕属性

3. 预览滚动字幕效果

可以在节目监视器上预览滚动字幕效果，如图 2-8-26 和图 2-8-27 所示。

图 2-8-26　预览滚动字幕效果

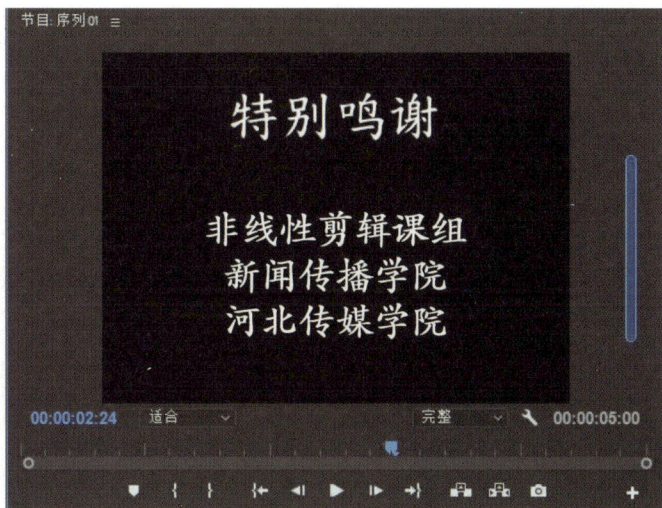

图 2-8-27　滚动字幕过卷效果

4. 调整字幕滚动速度

我们可以通过调整字幕的持续时间来控制字幕滚动速度，如图 2-8-28 所示。

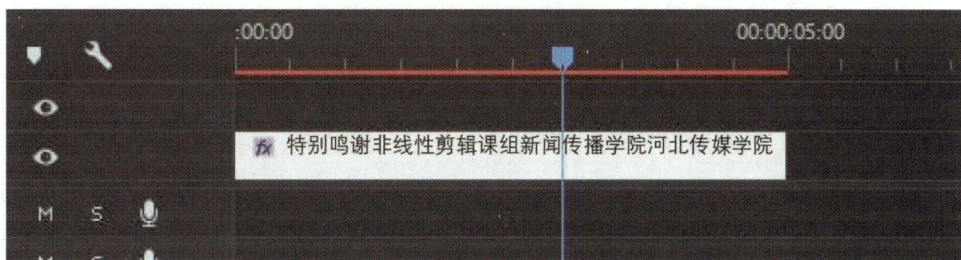

图 2-8-28　调整字幕滚动速度

（五）设置横向游动字幕

横向游动字幕通常用于播放插入消息、广告、天气情况预报等，一般出现在影视画面的下方。

1. 新建游动字幕背景

将"项目"面板上的新闻主播图片拖至新建项，新建新闻主播序列；用图形工具在节目监视器下方绘制蓝色矩形框，用以凸显游动字幕，如图 2-8-29 所示。

2. 新建游动字幕

选择"文件"菜单下"新建旧版标题"命令。打开"旧版标题"面板，使用文字工具在字幕编辑区下方点击，输入"社会主义核心价值观的基本内容"。选择黑体，字体大小为 64，填充白色，如图 2-8-30 所示。

单击"滚动/游动选项"按钮 ，在弹出的"滚动/游动选项"对话框的"字幕类型"一

图 2-8-29　新建游动字幕背景

图 2-8-30　设置文字属性

栏中选择"向左游动"，如图 2-8-31 所示。游动字幕需要开始于屏幕外，结束于屏幕外。需将"定时（帧）"一栏中的"开始于屏幕外"和"结束于屏幕外"勾选。然后单击"确定"按钮。

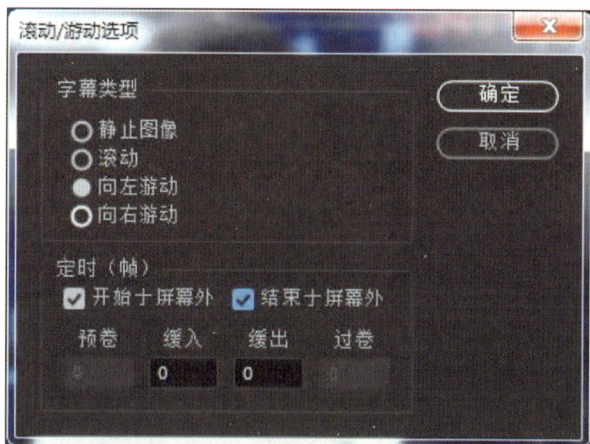

图 2-8-31　设置"滚动/游动"选项

3. 预览游动字幕

　　关闭"字幕"面板，将"项目"面板里新建的游动字幕拖动到时间线上，放置到视频轨道 3 上，将长度与图片画面对齐，如图 2-8-32 所示。预览游动字幕，适当调整字幕持续时间，控制播放速度，以达到最佳播放效果，如图 2-8-33 所示。

图 2-8-32　将游动字幕拖动到时间线上

图 2-8-33　预览游动字幕播放效果

(六)字幕制作综合练习

1. 新建项目

打开 Premiere Pro CC 软件，新建项目"字幕练习"，导入视频素材和音频素材，如图 2-8-34 所示。

图 2-8-34　新建项目"字幕练习"

2. 新建序列

将"项目"面板"青少年安全教育"视频素材拖至"项目"面板下方的"新建项"按钮，即可新建"青少年安全教育"序列，如图 2-8-35 所示。

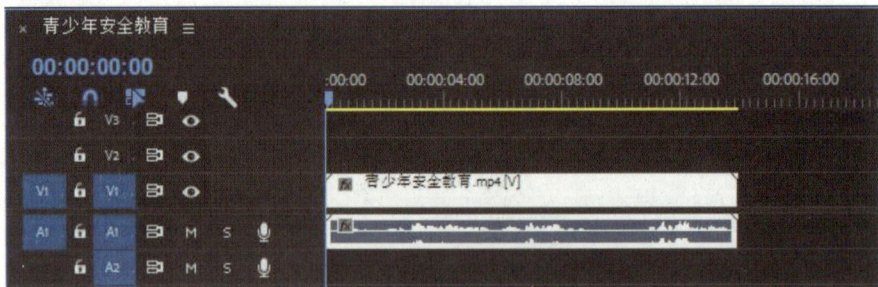

图 2-8-35　新建"青少年安全教育"序列

3. 新建字幕

①选择"文件"菜单下的"新建字幕"命令，打开"新建字幕"对话框，在字幕"标准"选项下选择"开放式字幕"。单击"确定"，完成新建字幕，如图 2-8-36 所示。

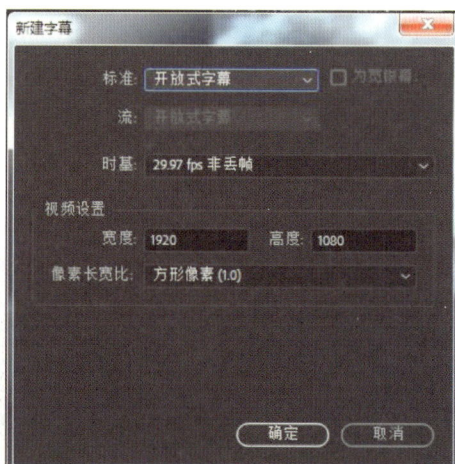

图 2-8-36　新建字幕

②双击"项目"面板上的字幕图标,打开"字幕"面板,设置字幕字体为微软雅黑,类型加粗,大小 70,边缘 3,字体背景透明度 0,字体白色,描边黑色,字幕块位置下方居中。在字幕排列区录入字幕。直接关闭"字幕"面板即可完成字幕制作,如图 2-8-37 所示。

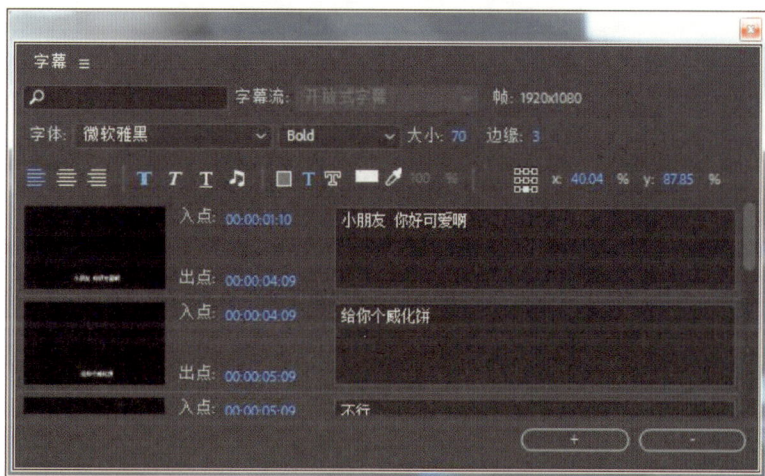

图 2-8-37　制作字幕

③将字幕拖至视频轨道 2,根据画面和声音将每条字幕拖至恰当的位置,通过调整每条字幕的持续时间使视频字幕与画面声音相对应,如图 2-8-38 所示。

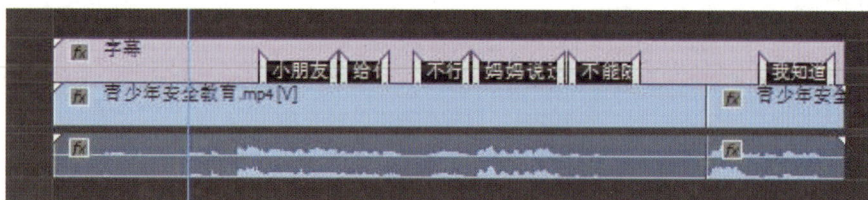

图 2-8-38　调整字幕

4. 新建标题字幕

①选择"文件"菜单下的"新建旧版标题"命令，新建字幕标题，如图 2-8-39 所示。在"旧版标题字幕"面板设置标题："不要随便要别人给的东西"，字体楷体，大小 100，中心对齐。在文字前添加一个矩形，如图 2-8-40 所示。

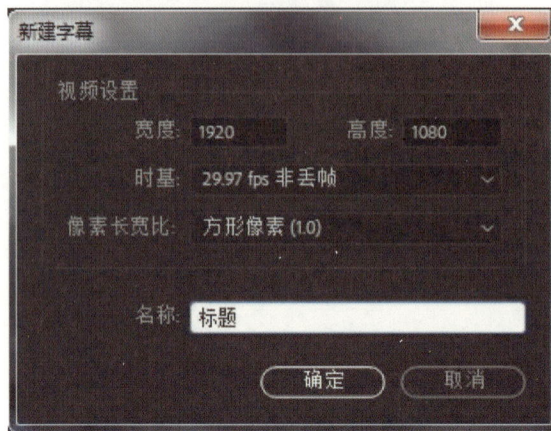

图 2-8-39　新建标题字幕

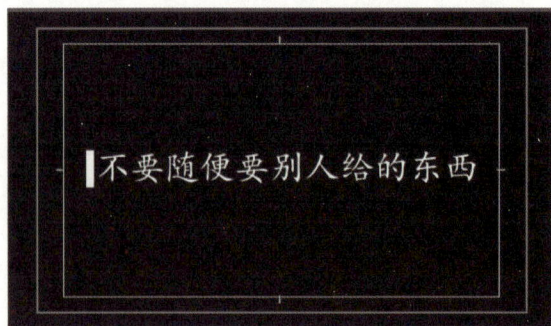

图 2-8-40　设置标题字幕样式

②将标题字幕拖至视频轨道 2，将音频特效拖至音频轨道 1，并根据音频特效调整标题字幕的长度，如图 2-8-41 所示。

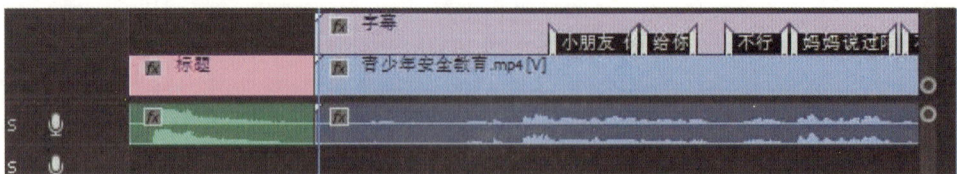

图 2-8-41　调整标题字幕的长度

③在"效果"面板选择"推"的视频过渡效果，添加至标题字幕，如图 2-8-42 所示。在"效果控件"面板设置"推"的动作持续时间为 15 帧，如图 2-8-43 所示。

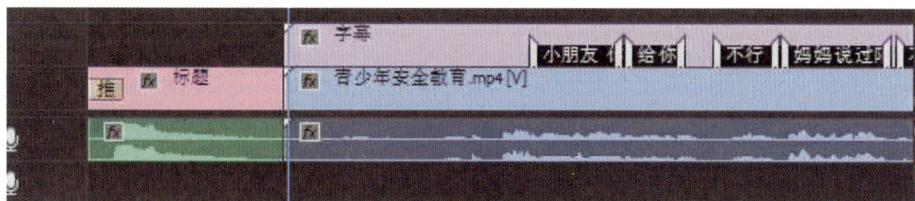

图 2-8-42　添加"推"的视频过渡效果

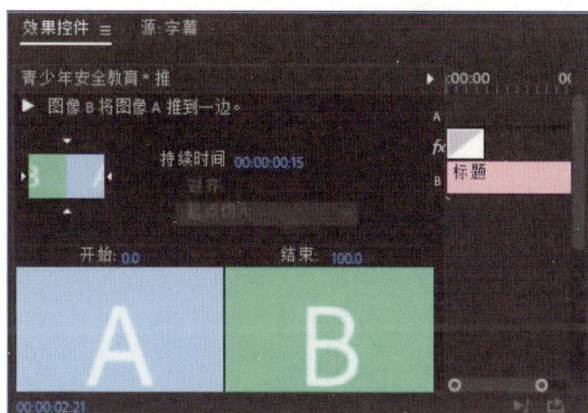

图 2-8-43　"推"的属性设置

第三章　新闻类视频剪辑

1990 年 7 月，由中国广播电视学会电视学研究委员会和中央电视台研究室牵头，组织电视新闻理论者和实践工作者对电视新闻进行了科学的分类和界定，并对电视新闻做了定义式的界说：电视新闻是以现代电子通信技术为传播手段，以声音、画面为传播符号，对新近发生或正在发生、发展的事实的报道。[①]

本章主要对新闻类视频剪辑进行分析与讲解。

一、新闻类视频的剪辑技巧

本章的主要任务是观摩相关的新闻资讯类节目，分别从画面、声音及字幕分析出新闻节目的剪辑特点和原则。

(一)新闻类视频的画面剪辑

1. 画面的选择

众所周知，新闻类视频制作过程中所摄录的内容，并非都是有效的。一般来说，剪辑时需要有所取舍，选择出合适的画面进行后期的编辑与制作。

首先，画面的选取需要符合逻辑规律，即符合人们对事物的正常认知，符合人们的审美趣味和视觉习惯。其次，从呈现方式上要符合电视画面的表现规律，即所选画面能够完整、准确地交代新闻内容和表现新闻主题。同时，画面的选择还要有利于整条新闻风格的统一和色调影调的和谐。表 3-1-1 为《新闻直播间》画面选择示例。

---

① 陈治、郭瑞青：《浅论电视体育新闻传播对大众行为的影响》，载《体育世界(学术版)》，2010
(11)。

表 3-1-1 《新闻直播间》画面选择示例①

画面	解说词或同期声
演播室主持人播报	作为国际性综合交通枢纽，以北京大兴国际机场为中心，还修建了"五纵两横"立体交通网。那么，都有哪些方式可以到达北京大兴国际机场呢？为此央视记者兵分几路，进行了实地体验，来看一下。
地铁站内 草桥站站内指示牌 地铁窗外景色	**方法一：乘坐地铁大兴机场线** 　　记者从北京南三环附近的地铁草桥站出发，乘坐地铁大兴机场线，经过大兴新城站后，到达终点大兴机场站。行程约 41.36 千米，用时 19 分钟。
外景记者地铁大兴机场站现场报道 地下二层扶梯 站厅层指示牌 地上一层指示牌 地上三层指示牌	地铁大兴机场线的终点，位于北京大兴机场的地下二层，那么乘坐扶梯就可以达到大兴国际机场的站厅层。站厅层同时也是一个换乘中心，在这里可以直接换乘高铁和轨道交通。地上一层是可以换乘大巴，那么到三层、四层可以直接换乘飞机了。
动车运行时车厢内外	地铁大兴机场线采用八辆编组的动车组运行，包括一辆行李车、一辆商务车和六辆普通列车，最高时速 160 千米。乘客可以通过自助购票机、车站客服中心、一卡通等多种方式乘坐地铁大兴机场线，普通票单程 35 元，商务票单程 50 元。
对北京市交通委员会轨道交通运营管理处副处长刘元常的采访 地铁草桥站至机场站运行流程画面	北京市交通委员会轨道交通运营管理处副处长刘元常：运行初期，大兴机场线每天运行不少于 16.5 小时，发车间隔最小不少于 8 分 30 秒。草桥站跟航空公司设有值机系统，旅客在草桥站可以托运行李，办理值机。行李通过我们的行李车与旅客同步到达大兴国际机场。
城际铁路行驶 行程展示	**方法二：乘坐京雄城际铁路** 　　9 月 5 日，京雄城际铁路开始试运行，记者从北京西站出发，经大兴站后，到达北京大兴国际机场航站楼的地下二层，耗时约半小时。
外景记者京雄铁路大兴机场站站台层现场报道 各公共交通工具展示牌展示	这里是京雄城际铁路的大兴机场站的站台层。大家来到这里之后可以非常便利地从南北两个通道用 5 分钟左右的时间就可以到达我上层的站厅层。在那里可以非常便利地到达大兴国际机场的候机楼，同时可以和公交、地铁等公共交通工具无缝对接。

---

　　① 本示例引自央视网《新闻直播间》2019 年 9 月 7 日新闻《大兴机场怎么去 四种方式便捷出行》，相关视频可到央视网观看。

画面	解说词或同期声
城际铁路运行画面及五座站点站牌展示	京雄城际铁路的新建线路全长约 92.03 千米，设置北京大兴站、大兴机场站、固安东站、霸州北站和雄安站 5 座车站。其中北京段将于 9 月底前开通，2020 年年底前全线通车。
自驾车内使用手机导航	**方法三：自驾车** 　　记者以北京西三环附近的中央广播电视总台为起点，搜索导航后发现，有三种方式可以到达北京大兴国际机场。
三条路线图文展示	第一条路线是经三环路、京开高速、五环进入大兴国际机场高速，耗时约 1 小时。第二条路线是经二环、京开高速、五环，经南中轴路到达，中途未设置收费站，耗时约 1 小时 40 分钟。第三条路线是经二环、京开高速、五环后进入大兴机场高速，行驶中高速路较多。
记者自驾画面，从京开高速到南五环直至收费站	上午 8 点，记者选择第三条路线，沿复兴路进入西二环，随后一路驶入京开高速、南五环路，最后进入大兴机场高速收费站。
外景记者收费站前现场报道	从起点到达这里，全程经过了 3 个收费站，现在这个是大兴国际机场高速上的最后一个收费站。
自驾到达航站楼四层	上午 9 点 11 分，经过 1 小时 11 分钟的行驶，记者到了北京大兴国际机场航站楼的四层。在这里，记者随机采访了前来参加第六次综合演练的部分乘客。
对演练人员的采访	演练人员甲：很棒，特别快，觉得特别好。 演练人员乙：挺快的。
大巴出站行驶	**方式四：乘坐大巴车** 　　为了满足京津冀地区乃至全国各地旅客出行和换乘的需要，北京大兴国际机场计划开通多条市内和省际大巴线路，大兴机场通航时同步开通。
北京大兴国际机场管理中心公共区管理部运输服务主管牛全伟采访	北京大兴国际机场管理中心公共区管理部运输服务主管牛全伟：计划开通 6 条市内巴士和 4 条省际巴士线路，那么市内巴士线路主要有这个北京站、北京西站、北京南站、房山、通州以及前三门的这个夜班线。省际主要有廊坊、唐山、保定和天津 4 条线路。后续呢，我们也会结合这个大数据的情况，以及旅客的需
大巴车行驶	求同京津冀交通运输的主管部门，开通更多的轨道和巴士线路衔接大兴机场。

这则《新闻直播间》新闻在表现怎么达到大兴国际机场时，就基于人们对事物认知的逻辑顺序来挑选组接镜头。

方法一：

1. 北京市区草桥站出发

2. 行驶途中车厢及窗外景色

3. 外景记者到达地铁大兴机场站并在站内进行讲解

4. 分别介绍地下二层、站厅层、地上一层以及三层、四层登机层

在新闻中，从认知方面来看，镜头是按照事件发展的顺序进行挑选组接的，符合观众的生活逻辑。从画面的呈现来看，大量采用指示牌画面，具有明显的说明作用，可以让观众一目了然，清楚地知道到达大兴国际机场的出行方式。

同时，4条路线虽由4位记者分别介绍，但风格统一，均是从市区出发，通过乘坐不同的交通工具到达大兴国际机场。记者们对沿途线路、用时、路程长短等进行了详细介绍，对具有指示性的路牌或站牌进行了画面展示，并通过采访相关人士更好地介绍该方式的出行特点，符合观众的视觉习惯。

2. 画面的拼接

新闻类视频是由镜头组接而成的。这种组接并非随心所欲，合理的画面拼接不仅可以保证叙事的流畅性，还可以表现出画面强烈的艺术效果，突出新闻主题。表3-1-2为《朝闻天下》画面选择示例。

表 3-1-2 《朝闻天下》画面选择示例①

画面	景别	技巧	解说词或同期声
演播室主持人播报	近景	固定	东京奥运会女排资格赛B组昨天（3日）继续在宁波北仑进行，中国女排最终3：1战胜德国队，收获两连胜。
中国女排运动员发球	中景	固定	首局比赛，中国队在场上大部分时间都处于被动，德国队16：14领先进入第二次技术暂停。中国队主教练郎平随后不断调兵遣将，曾春蕾和刘晓彤先后被替换上场，中国队随后也打出一波进攻小高潮，将比分反超。随着曾春蕾发球直接得分，中国队25：22拿下首局。
比赛现场	远景	摇	
德国女排运动员	中景	固定	
中国队主教练郎平指导队员战术	近景	移	
中国女排运动员发球	中景	固定	
比赛现场	远景	摇	
中国女排运动员	中景	固定	

---

① 本示例引自央视网《朝闻天下》2019年8月4日新闻《中国女排3：1力克德国取得两连胜》，相关视频可到央视网观看。

画面	景别	技巧	解说词或同期声
比赛现场	远景	摇	第二局比赛，中国队多次快攻奏效，虽然德国队一度将分差缩小至 1 分，但关键时刻朱婷多次上演一锤定音的好戏，在曾春蕾局点发球再次直接得分后，中国队 25∶22 再下一城。
中国女排运动员发球	中景	固定	
比赛现场	远景	摇	
中国女排运动员发球	中景	固定	第三局，中国队虽然两度打出进攻高潮，可惜始终未能一蹴而就实现三局连胜，德国队 25∶21 扳回一局。
比赛现场	远景	摇	
另一比赛画面	远景	摇	第四局，中国队始终牢牢控制着场上局面。将开局的优势保持到底，以 25∶15 拿下决胜局。以 3∶1 的总比分战胜德国队，收获两连胜。
中国女排运动员发球	中景	固定	
比赛画面	远景	摇	
中国女排运动员庆祝	中景	固定	

(1)节奏的剪辑

节奏是整个画面呈现、调动情绪的重要手段。我们可以根据节目的时长、情节的起承转合，形成具有张弛有度的叙事形式、能激起观众审美情趣的动感画面。[①]

对于主要内容可选择较长时间的画面进行呈现，而次要内容可采用时间较短的画面进行闪回播放。同时，还要做好对镜头的分类管理，合理地运用长镜头、全镜头、短镜头、特写镜头来辅助整体内容的展现。表 3-1-3 为《中国女排 3∶1 力克德国取得两连胜》首局比赛画面分析。

在体育赛事报道中，对于大型的比赛转播，如果一个长镜头始终对焦比赛现场，容易造成观众的审美疲劳。我们可以将场面分解，穿插场外教练、候补选手及观众等不同镜头，通过对主次镜头时长的控制，来带动整体画面的节奏，提高观众的观看效果，有效地抓住观众的心里情绪。

表 3-1-3 《中国女排 3∶1 力克德国取得两连胜》首局比赛画面分析

画面	景别	技巧	解说词或同期声
中国女排运动员发球	中景	固定	首局比赛，中国队在场上大部分时间都处于被动，德国队 16∶14 领先进入第二次技术暂停。中国队主教练郎平随后不断调兵遣将，曾春蕾和刘晓彤先后被替换上场，中国队随后也打出一波进攻小高潮，将比分反超。随着曾春蕾发球直接得分，中国队 25∶22 拿下首局。
比赛现场	远景	摇	
德国女排运动员	中景	固定	
中国队主教练郎平指导队员战术	近景	移	
中国女排运动员发球	中景	固定	
比赛现场	远景	摇	
中国女排运动员	中景	固定	

---

① 刘静：《电视新闻画面编辑的剪辑技巧分析》，载《西部广播电视》，2018(11)。

（2）节点的剪辑

镜头的切换是整个新闻类视频流动的关键。为突出新闻主题内容，渲染画面的表现力，剪辑过程中势必要保持画面的时间、空间、逻辑的统一。那么，在节点的剪辑上，要遵循动接动、静接静、动静结合的节点原则。

动接动，是一种特殊的剪辑手法，是指动态镜头效果的承接。当画面中的主体在运动时，镜头也会随之运动，两个明显的动作点要保证方向、速度统一。观众就会随着镜头的推动非常自然地从一个环境或景物过渡到另一个环境或景物。这种镜头组接方法给人的动感更强，节奏更鲜明。① 例如，在上述《朝闻天下》新闻中，中国女排运动员发球后直接连接现场比赛的全景画面，让运动更具有连贯性及流畅性。表 3-1-4 为《中国女排 3∶1 力克德国取得两连胜》第四局比赛画面分析。

表 3-1-4　《中国女排 3∶1 力克德国取得两连胜》第四局比赛画面分析

画面	景别	技巧	解说词或同期声
另一比赛画面	远景	摇	第四局，中国队始终牢牢控制着场上局面，将开局的优势保持到底，以25∶15拿下决胜局。以 3∶1 的总比分战胜德国队，收获两连胜。
中国女排运动员发球	中景	固定	
比赛画面	远景	摇	
中国女排运动员庆祝	中景	固定	

静接静，顾名思义是指两个静态的镜头之间无缝隙切换，它是新闻剪辑中较常用的一种方式。当画面中的主体是静止状态时，镜头也相对固定。在这个时候，镜头就需要寻找到相应背景和相对物体进行切换。

例如，在上述《朝闻天下》新闻中，"德国女排运动员得分庆祝"＋"中国队主教练郎平指导队员战术"就是一组静接静的镜头。

动静结合的模式有两种：一种是先静后动，即固定镜头接运动镜头；另一种是先动后静，即运动镜头接固定镜头。画面可以在停顿处进行切换，或在前后两个镜头的落幅、起幅处进行切换。无论是哪种剪辑都会给观众带来强烈的视觉冲击并调动观众的情绪。

例如，在上述《朝闻天下》新闻第二组画面中，先是以固定镜头展现中国女排运动员发球，之后组接一个比赛现场的全景镜头。为了更好地带动观众的运动感，该画面采用了"摇"镜头的方式，让观众的视线跟随球的运动。

同样在该组镜头中，最后两个画面采用的是摇镜头，直至中国女排得分胜利。之后组接了一个固定镜头庆祝胜利的画面，给了观众一个停顿休息的节点。

（3）景别的剪辑

在实际剪辑中，场景会不断发生变化。不同的景别所展现的内容不同，对观众的视觉刺激也各有不同。在挑选画面时，景别的变化需要采取适当的穿插变换。若过于

---

① 刘静：《电视新闻画面编辑的剪辑技巧分析》，载《西部广播电视》，2018(11)。

第三章　新闻类视频剪辑

剧烈，镜头则不宜连接；但如果画面的景别变化不大，也不易于后期编辑。因此，需要根据各新闻的类别，对节目内容进行景别的选择和剪辑，最大限度地介绍整个新闻事件的事态发展全过程。

在上述《朝闻天下》新闻中，景别的变化较为明显。根据比赛的情况，分别采用了中景发球、远景比赛、近景指导等景别变化，更好地诠释了比赛内容。

3. 蒙太奇的应用

蒙太奇是通过不连续的画面与时间进行有效的处理，从而突出节目内容的艺术表现力与情绪的感染力。在前后镜头的内容和形式处理上，以强烈的画面冲击和情绪张力，为观众提供强烈的视觉冲击。蒙太奇的处理不是单纯的镜头叠加，而是镜头画面的艺术再造。一方面，我们可以采用平行交叉式组接，沿着一条线索的发展进行展开。另一方面，我们还可以采用对比式组接，通过镜头切换、视觉范围内的强烈刺激，以表现戏剧化的事件主题。[1] 表 3-1-5 为《交易时间》画面选择示例。表 3-1-6 为《国际财经报道》画面选择示例。

表 3-1-5　《交易时间》画面选择示例[2]

画面	解说词或同期声
演播室主持人播报	猪肉价格是影响 CPI 的重要因素。根据农业农村部监测，今年(2019年)3 月开始，猪肉价格呈持续上涨的走势；6 月，全国猪肉批发市场的均价为 21.59 元/千克，环比上涨了 4.7%，同比高出了 29.8%。那么，7月至今有没有新的变化呢？我们来看看记者在北京市场的调查。
新发地市场猪肉大厅现场	早上 8 点，正是北京新发地市场猪肉大厅的交易高峰期。商户说，立秋前后这段时间市场上对猪肉的需求明显增加，猪肉价格也出现了明显上涨。
对北京消费者赵先生的采访	北京消费者赵先生：立秋肯定买全一点，买后臀尖、排骨或者五花肉等，差不多三四十斤(1 斤等于 0.5 千克)吧。
对北京猪肉商户潘永红的采访	北京猪肉商户潘永红：白条猪的最高价已经涨到 25.5 元/千克了。
对北京新发地市场统计部负责人刘通的采访	北京新发地市场统计部负责人刘通：每年立秋前后都会出现一个阶段性的价格高点，这两天的价格是这五年同期当中的最高价格。
猪肉交易 熟食加工厂 新发地市场交易大厅 生猪画面	据介绍，由于北方地区有立秋"贴秋膘"的习俗，熟食加工厂会在立秋前加工制作大量的熟食肉制品，会从市场上采购大量的分割肉。在这期间，需求近乎刚性，所以对价格有较强的拉动作用。此外，商户说，今年(2019 年)3 月以后，猪肉价格的持续上涨主要还是生猪存栏减少，造成生猪价格持续走高。像目前东北地区、华北地区的生猪价格涨幅明显，人们开始选择从猪价相对较低的西南地区运输白条猪。

---

① 金文哲：《电视新闻画面的节奏和剪辑关键点》，载《科技传播》，2019(12)。
② 本示例引自央视网《交易时间》2019 年 8 月 9 日《北京：立秋拉动需求　猪肉价格上涨》，相关视频可到央视网观看。

画面	解说词或同期声
对北京某肉联厂业务人员黄永芳的采访	北京某肉联厂业务人员黄永芳：东北地区的生猪价格是九元多一斤，现在涨到十元多一斤了，肉联厂都从西南地区往这边调白条猪。
生猪养殖	业内人士表示，猪价上涨较快主要是受非洲猪瘟疫情影响。2018年四季度以来，生猪和能繁母猪的产能持续下降，猪肉市场供给偏紧的效应近期开始集中显现。
对中国农业科学院农业经济与发展研究所副研究员王祖力的采访	中国农业科学院农业经济与发展研究所副研究员王祖力：全国能繁母猪存栏6月跟去年同期相比较已经下降了26.7%，因为产能下降，猪肉的价格也是在持续上涨。7月底，全国猪肉价格是29.19元/千克，跟6月底相比较涨了大概10%，跟去年同期相比较涨幅是38%左右。

表 3-1-6　《国际财经报道》画面选择示例①

画面	解说词或同期声
演播室主持人播报	猪肉价格是影响CPI的重要因素。根据农业农村部监测，今年（2019年）3月开始，猪肉价格呈持续上涨的走势，7月猪肉价格同比上涨27%，环比上涨7.8%。我们来看一下记者在北京市场的调查。
新发地市场猪肉大厅现场	早上8点，正是北京新发地市场猪肉大厅的交易高峰期。商户说，立秋前后这段时间市场上对猪肉的需求明显增加，猪肉价格也出现了明显上涨。
对北京猪肉商户潘永红的采访	北京猪肉商户潘永红：白条猪的最高价已经涨到25.5元/千克了。
对北京新发地市场统计部负责人刘通的采访	北京新发地市场统计部负责人刘通：每年立秋前后都会出现一个阶段性的价格高点，这两天的价格是这五年同期当中的最高价格。
新发地市场交易大厅 熟食加工厂 新发地市场交易大厅	据介绍，由于北方地区有立秋"贴秋膘"的习俗，熟食加工厂会在立秋前加工制作大量的熟食肉制品，会从市场上采购大量的分割肉。在这期间，需求近乎刚性，所以对价格有较强的拉动作用。
对北京某肉联厂业务人员黄永芳的采访	北京某肉联厂业务人员黄永芳：东北地区的生猪价格是九元多一斤，现在涨到十元多一斤了，肉联厂都从西南地区往这边调白条猪了。
猪肉画面 鸡蛋交易	此外，记者在采访时了解到，除了猪肉价格上涨，近期鸡蛋的价格受到高温天气的影响也出现明显的波动。鸡蛋商户龚凤告诉记者，进入7月以后，鸡蛋的价格经历了一个冲高回落的过程。前半月价格连续快速上涨，后半月价格有所回落。

① 本示例引自央视网《国际财经报道》2019年8月9日新闻《北京：立秋拉动需求　猪肉价格上涨》，相关视频可到央视网观看。

画面	解说词或同期声
对北京鸡蛋商户龚凤的采访	北京鸡蛋商户龚凤：7月(鸡蛋价格)一直都偏高，现在的价格就是 4 元多(一斤)，4.2 元或 4.3 元(一斤)吧，7月高的时候是在 5.1 元(一斤)左右。
鸡蛋交易	鸡蛋经销商昌其东说，7月全国多数地区的鸡蛋价格在每斤 4.6 元左右，同比上涨 15% 左右。鸡蛋价格上涨主要是因为进入夏季以后，养鸡场要对鸡舍进行降温，鸡蛋的生产成本会有上升。另外，由于高温天气，蛋鸡出现应激反应，产蛋量下降。
养鸡场	
对北京鸡蛋经销商昌其东的采访	北京鸡蛋经销商昌其东：(鸡蛋产量)减产了 15%～20%。
鸡蛋交易	市场负责人告诉记者，近期价格有所回落和市场需求下降有一定关系。不过后期临近中秋节，鸡蛋价格还有继续上涨的可能。

在上述两篇新闻报道中，新闻素材相同，但基于报道侧重点的不同，将新闻素材以不同的剪辑手法进行编辑，诠释出了不同的新闻内容。《交易时间》侧重诠释猪肉价格上涨的原因。因此镜头选择及组接上，采取对不同人群的采访，从表象及至深入地揭示出价格上涨的多方面原因。《国际财经报道》则侧重于民生生活，只是针对立秋节气造成的猪肉上涨，以及同品类农产品鸡蛋的价格上涨共同进行了报道。

4. 转场的使用

在新闻类视频节目制作中，与其他类型节目不同，镜头之间的切换多采用无技巧式转场，即单纯利用画面中的景物，或空镜头、特写镜头等进行画面的转切。需要我们注意的是，对空镜头的使用上，应根据新闻内容的实际需要合理利用，而不能过分使用。表 3-1-7 为《新闻直播间》画面选择示例。

表 3-1-7　《新闻直播间》画面选择示例①

画面	解说词或同期声
演播室主持人播报	云南丽江至香格里拉的丽香铁路，是滇藏铁路的重要组成部分。经过铁路建设者 5 年多的日夜奋战，9月3日和6日，丽香铁路上交尼山、蒙古哨两条长度超 7 千米的隧道分别贯通。
工程所在地环境展示	全长约 7055 米的交尼山隧道，位于云南香格里拉市小中甸镇内，是丽香铁路全线的控制性工程。施工地段位于青藏高原东南缘，横断山脉中断，隧道进出口紧邻冲江河，两壁为陡崖，施工条件较差。
交泥山隧道二号横洞展示	
工人施工场景	

---

① 本示例引自央视网《新闻直播间》2019 年 9 月 7 日新闻《施工 5 年多 丽香铁路两长隧道贯通》，相关视频可到央视网观看。

画面	解说词或同期声
对丽香铁路 5 标项目总经理刘慧的采访	丽香铁路 5 标项目总经理刘慧：这条隧道是丽香铁路唯一一座海拔 3000 米以上的长大隧道。隧道具有典型的高海拔、高地震烈度、高地质风险特征，围岩突变情况非常严重。隧道大的变更就达到了 50 多次。
工人隧道内施工场景	
隧道空镜头展示	
工人隧道内施工场景	
隧道环境展示	
工人隧道内施工场景	隧道从 2014 年 7 月开工以来，多次遇到地下暗河、连环溶洞、涌水突泥等不良地质的影响。为确保施工安全，施工单位邀请专家论证，及时调整优化施工方案。
地下暗河特写镜头	
工人应对地下暗河施工现场	
工人施工手部特写	
工人隧道内施工场景	
大山空镜	在 9 月 3 日，全长约 7133 米，地质条件同样复杂、施工难度较大的蒙古哨隧道，也顺利贯通。丽香铁路，是滇藏铁路乃至我国西部铁路网的重要组成部分。全长约 139 千米，设计时速 120 千米。建成通车后，有望在 6 小时内从昆明抵达香格里拉，比现在公路通行节省 4 小时左右。
蒙古哨隧道口展示	
工人隧道内施工场景	
机器施工特写	
大山空镜	
工人隧道内施工场景	
模拟列车运行画面	
工程环境实景展示	
工程动画演示	

　　该篇新闻报道中，多次采用了空镜头作为转场镜头，使得镜头之间过渡自然，同时也更好地诠释出自然环境的恶劣以及施工的困难。

　　5. 特效的使用

　　在新闻类视频画面的编辑中，合理利用画面特效，可以更好地诠释新闻内容，增加新闻画面的美感，在凸显新闻类视频主题的同时，增加观众的理解度。表 3-1-8 为《新闻直播间》画面选择示例。

表 3-1-8 《新闻直播间》画面选择示例①

画面	解说词或同期声
演播室主持人播报	记者昨天（6 日）从自然资源部了解到，《中国天然气发展报告（2019）》日前发布。报告显示，我国天然气消费量快速增长，日高峰用气量首次突破 10 亿立方米。
动画演示 2018 年我国天然气消费量 动画演示日最高用气量 动画演示区域消费情况 动画演示列举四省消费规模 动画演示全国天然气消费规模超过百亿立方米的省份增至 10 个	数据显示，2018 年我国天然气消费量达 2803 亿立方米，同比增长 17.5%；其中，日最高用气量达 10.37 亿立方米，同比增长 20%。从区域消费看，各省天然气消费水平都有明显提升。浙江、河北、河南、陕西四省的消费规模均首次超百亿立方米，全国天然气消费规模超过百亿立方米的省份增至 10 个。
对自然资源部油气资源战略研究中心油气资源战略规划研究室主任潘继平的采访	自然资源部油气资源战略研究中心油气资源战略规划研究室主任潘继平：2018 年中国的天然气消费量呈现一个历史上少有的快速增长，主要来自用气需求，特别是工业燃料的用气需求快速增长。这里面主要是低效燃煤工业锅炉的替代，用气量大幅增长。
天然气开采及工厂	报告还预计，2019 年我国天然气消费量会达到 3100 亿立方米左右，同比增长约 10%。随着我国天然气消费市场的不断成熟，未来工业燃料、城市燃气、发电用气将呈现"三足鼎立"局面。

该篇新闻报道涉及大量数据信息，若用传统播报展示，势必会使观众略感枯燥且不利于理解。此次报道采用数据可视化的特殊方式，使观众一目了然，增加了新闻的趣味性。

(二)新闻类视频的声音剪辑

电视作为重要的综合性新闻传播媒介，声画结合是其一大优势。只有处理好声画关系，才能使新闻类视频作品的画面更加丰满动人，使之更具吸引力。新闻类视频中的声音主要包括：有声语言（解说词、人物同期声），音响（自然环境的声响、动物的声音、机器工具的音响、人的动作发出的各种声音等），音乐。最主要的为解说词及同期声。表 3-1-9 为《新闻直播间》画面声音剪辑示例。

---

① 本示例引自央视网《新闻直播间》2019 年 9 月 7 日新闻《〈中国天然气发展报告（2019）〉发布 日高峰天然气用量突破 10 亿立方米》，相关视频可到央视网观看。

表 3-1-9 《新闻直播间》画面声音剪辑示例①

画面	声音类别	解说词或同期声
主持人演播室播报	解说词	确实,在一般人看来,这么一个年轻的姑娘,整天与"脏乱差"的废品和垃圾打交道,让人难以想象,因为反差太大了。一个姑娘为什么要选择这样一份职业呢?
废品回收站日常工作	解说词	早上 6 点多,在苏州市相城区的这家废品回收站里,月月和家人已经开始了一天的忙碌。这家废品回收站原本是月月父母经营的,现在主要是月月夫妻俩和弟弟三人负责。600 多平方米的厂房里,各种废品堆成了小山。收垃圾、分垃圾、打包装车,每天有好几吨的废品要从这里被分类运走,至少要工作 12 小时以上。其中大部分时间里,月月需要蹲在这里对各种废品进行分拣。
冯月月对塑料制品进行分类	同期声	冯月月:这些碗都是我们生活当中比较常见的吧,包括小孩子都会用到这个碗。看起来都是塑料的,我们可以用打火机烧一下,这个就是 PE(聚乙烯)材质。然后烧不着,完全烧不着,这个就是密胺(三聚氰胺)材质的,没有任何的回收利用价值。
对塑料制品回收分类	解说词	这些都是近两天附近的清洁工人送来的,大多是塑料制品,而最难分拣的也是它们,常见的品种就有几十种。其中要将不可回收的送去进行焚烧或填埋处理。可回收的也因为材质、用途和处理方式不同,要仔细分清楚,即使是一个小瓶盖也不能轻易放过。
冯月月对废品分拣	解说词	分拣是让月月最头疼的工作,废品里什么都有:饮料瓶、废旧电线、水管、纸板等,需要一件一件地挑,有时一蹲就是好几小时。而有些不同的材质在外观上看起来几乎一模一样,要靠声音、气味等来辨别。
冯月月对塑料制品进行区分,并向记者一一展示	同期声	冯月月:肉眼分不清的话就听声音,听声音的话一般也可以分辨,包括这两个是吧,这两种声音也可以听得清楚。 记者:这个比较钝一点,这个比较响一点。 冯月月:听声音的话,也大概可以分出来 80%。如果分不出来的话,最有效的办法还是用打火机烧,烧了以后看它的烟火,或者去闻它的味道。
冯月月日常工作以及拍摄视频画面	解说词	和废品打交道 10 多年,现在月月基本能很快分辨出它们的材料和再利用的价值。但因为种类实在太多,也会碰到不认识的,她还是需要请教和学习的。在前段时间,从网上看到很多人因为垃圾分类而苦恼时,月月就萌生了录制视频教会大家这些小窍门的想法。
冯月月接受采访	同期声	冯月月:当时就想着,我要在我还在做这个的时候尽我自己的所能,让大家知道这些、了解这些。生活上面也算是没办法,因为我时间上不允许。拍视频的话,也可以让更多的人知道这些方面的知识。我也在尽我所能,去向大家分享这些吧。

---

① 本示例引自央视网《新闻直播间》2019 年 8 月 29 日新闻《冯月月:我教大家垃圾分类》,相关视频可到央视网观看。

1. 同期声的运用

同期声是指记者在拍摄新闻事件影像的同时录制的现场声音，它是在记录事件、影像的同时一并录制下来的声音。这里的声音包括记者出境解说、新闻人物语言、现场声响效果等。

同期声作为新闻报道的一部分，有着烘托节目主题、渲染现场气氛、展示人物个性等的作用，给人以强烈的现场参与感。编辑人员在选择同期声的时候要注意以下几个方面。

（1）选择有用的同期声

在实际的采访工作中，同期声记录的都是当事人原始的话语。而这些话语可能会出现重复或冗长的现象，很难避当事人的口语化行为，以及啰唆、拖沓的语言习惯。即使是毫无瑕疵的采访，若受播放时间的限制，在后期剪辑时也不得不删减。

因此在后期编辑时，编辑人员需要对采集回来的同期声进行加工筛选，对于那些含混不清的句子，以及嘈杂的、对新闻表述有干扰的背景声音舍弃，以保证新闻类视频清晰、准确地传播出去。

在《冯月月：我教大家垃圾分类》新闻报道中，在编辑冯月月第一次采访同期声时，删减了拿碗等一系列操作，简洁明了地在有效的镜头中区分了两个碗的材质。

（2）避免冗长的同期声

声音的剪辑与画面的选择相类似，也应该有一定的节奏感。同期声语言、同期声解说、同期声音响应该相互交替出现，避免使用同一种声音贯穿整条新闻报道的始终，否则会使观众会产生厌烦心理。对一些必要的较长的同期声，在剪辑时可插入相应的画面，或配合主持人解说来丰富节目的节奏感，避免其冗长呆板。

在《冯月月：我教大家垃圾分类》新闻报道中，对冯月月关于区分垃圾、如何分类的采访中，为了避免过于冗长，中间穿插了采访记者的一段解释性配音，在确保信息完整诠释的同时，增加了新闻的节奏感。

（3）尽量保持同期声的整体性、连贯性和真实性

在同期声的剪辑过程中，一定要避免断章取义。这样做不但会对观众造成"话说一半"的不舒适感，还会造成报道失实和扭曲被采访者原意的重大失误。

因此在剪辑同期声时，要注意保持同期声的整体性、连贯性和真实性。剪辑时应在明显的段落和顿歇处进行编辑。

在《冯月月：我教大家垃圾分类》新闻报道中，第一次同期声采访内容为教大家通过火烧区分塑料的材质。第二次同期声采访内容为通过声音区分塑料的材质。虽为了避免节目过于冗长分列各段，但完整地诠释了一个内容，即塑料分类的不同方式，保证了新闻内容的整体性及连贯性。

2. 解说词的运用

解说词是新闻类视频语言的重要组成部分，它和同期声、字幕等共同构成了新闻

类视频的语言符号系统，完成新闻类视频的叙事任务。

在新闻类视频报道中，解说词与画面的处理方式有以下两种方式。

(1)声画合一

声画合一即声音和画面和谐一致，起到烘托、渲染画面的作用。这也是新闻类视频中运用得最广泛的剪辑手法。即画面选取与解说词相对应，将客观事实再现给观众。这种剪辑客观、真实、朴素。表 3-1-10 为声画合一示例。

表 3-1-10 声画合一示例

画面	声音类别	解说词或同期声
废品回收站日常工作	解说词	早上 6 点多，在苏州市相城区的这家废品回收站里，月月和家人已经开始了一天的忙碌。这家废品回收站原本是月月父母经营的，现在主要是月月夫妻俩和弟弟三人负责。600 多平方米的厂房里，各种废品堆成了小山。收垃圾、分垃圾、打包装车，每天有好几吨的废品要从这里被分类运走，至少要工作 12 小时以上。其中大部分时间里，月月都需要蹲在这里对各种废品进行分拣。

(2)声画对立

声画对立是指声音与画面不一致，具有各自的独立性。二者按各自的内容诠释，最终又能有机地结合起来，为刻画同一主题思想而服务。在新闻剪辑中，这种声画对立的关系也是很常见的。这往往是因为记者没有能够及时或无法再现当时现场情景，只能使用声音传递的这样一种声画对立的表现手法。表 3-1-11 为声画对立示例。

表 3-1-11 声画对立示例

画面	声音类别	解说词或同期声
冯月月日常工作以及拍摄视频画面	解说词	和废品打交道 10 多年，现在月月基本能很快分辨出它们的材料和再利用的价值。但因为种类实在太多，也会碰到不认识的，她还是需要请教和学习的。在前段时间，从网上看到很多人因为垃圾分类而苦恼时，月月就萌生了录制视频教会大家这些小窍门的想法。

在该示例中，画面无法展现月月与废品打交道的 10 年时间，但通过月月对废品分拣的熟练度可以推断出其 10 年的工作经历。

(三)新闻类视频的字幕剪辑

新闻类视频是以声音、画面为传播符号，对新近或正在发生、发展的事实的报道。在这里，画面除了动态镜头外，还包含图文字幕。

图文字幕是一种独特的表现元素，它依附于电视画面，紧跟语言解说的进度，具有多种表意作用。正确运用图文字幕，有助于帮助观众更好地理解新闻内容，增强新闻传播的效果。其已成为必不可少的视觉元素，字幕使用越来越受到编辑人员的重视。

图文字幕在新闻节目中的运用尤其广泛,常以标题字幕、同期声字幕和整屏字幕等类型出现。

1. 标题字幕

每一条新闻都有标题,也就是题目。标题是对观众传递信息最直接的一个通道。用标题概括报道的主旨,可以在有限的时空里传播更多的信息,让观众从多个侧面了解事实。标题不仅说明内容,还可以间隔新闻主体的变化。消息从画面到解说都大同小异,连续播出时加上字幕,可以区别新闻段落,提高收视效果。

2. 同期声字幕

同期声字幕是针对新闻节目中的采访人物的字幕,包括说明文字字幕(被采访人的姓名、身份、职称等)和采访话语内容字幕。因为我国各地区都有方言,所以需要给电视画面添加人声字幕。

3. 整屏字幕

在新闻节目中,经常要用整屏字幕来诠释新闻内容,并使其起到主要作用。字幕与图形、声音配合时,可以提高观众的注意力,让观众简单明了地理解新闻内容,揭示相关背景材料,增强新闻的可视性。

二、新闻类视频常用的剪辑方法

(一)画面合成剪辑

在新闻类视频制作中,编辑人员多通过键控合成新闻画面,尤其以演播厅画面为主。

当下较为流行虚拟演播间。在新闻主播播报新闻时,背景以蓝色或绿色幕布为主,可以通过后期图像合成达到实景演播厅的视觉效果。

1. 键控(抠像)

在电视新闻制作中,键控被称作抠像。键控是运用虚拟技术将背景进行特殊透明叠加的一种技术。我们可通过除去指定区域的颜色,使该区域变成透明来完成和其他素材的合成叠加。

(1)抠像素材的准备

一般选择蓝色或绿色背景进行拍摄。让演员在蓝色或绿色背景前进行表演,然后将拍摄的素材数字化,并且使用键控技术将背景颜色透明化。计算机产生一个 Alpha 通道识别图像中的透明度信息,然后将透明度信息与电脑制作的场景或者其他场景素材进行叠加合成。

背景之所以使用蓝色或绿色是为了使其区别于人的身体颜色。素材色彩的清晰度直接影响到抠像的效果。光线的强弱变化对于抠像素材也至关重要的。因此在前期拍摄时就应非常重视如何布光，确保拍摄素材达到最好的色彩还原度。图 3-2-1 和图 3-2-2 分别为超级键抠像和超级键合成效果。

图 3-2-1　超级键抠像

图 3-2-2　超级键合成效果

（2）设置抠像

要进行抠像合成，一般情况下至少需要在抠像层和背景层上下两个轨道上安置素材。抠像层是指人物在蓝色或者绿色背景前拍摄的素材画面，背景层是指要在人物背后添加的新的背景素材画面。抠像层在背景层之上，完成素材抠像后，会透出底下的背景层。我们可以在特效控制台上打开键控效果，调整抠像参数。

超级键是对透明画面进行调整和修饰的键控。超级键的参数较多，其参数调整大体分为四类。

遮罩生成：调整画面的透明度、高光、阴影等。

遮罩清除：调整抑制、柔和、对比度、中间点。

溢出抑制：调整范围、溢出、明度等。

颜色校正：调整饱和度、色相、亮度等。图 3-2-3 和图 3-2-4 分别为超级键选定和超级键参数设置。

图 3-2-3　超级键选定

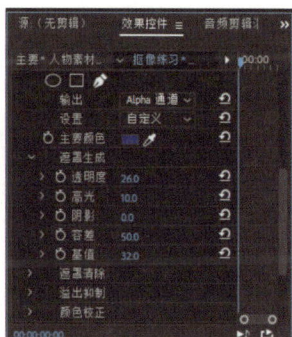

图 3-2-4　超级键参数设置

（3）入门练习——设置演播室的背景

①制作说明。使用超级键，将人物素材的蓝色背景抠取为透明，同时使用背景图片制作出虚拟演播室的效果。

②制作步骤。第一，建立新的序列，将背景素材及人物素材分别导入"时间线"面板的视频轨道 1 和视频轨道 2，如图 3-2-5 所示。

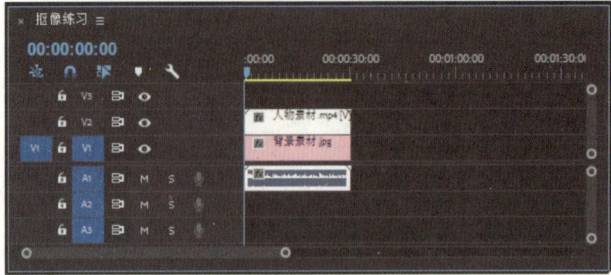

图 3-2-5　设置素材轨道

第二，激活"效果"面板，打开视频效果的键控文件夹，选择超级键效果并将其拖动到"时间线"面板的视频轨道 2 的人物素材上，如图 3-2-6 所示。

图 3-2-6　设置超级键效果

第三，单击效果控制台标签，激活效果控制台调板。

一是使用吸管工具抠取节目监视器中人物素材的蓝色背景，如图 3-2-7 所示。

图 3-2-7　使用吸管工具抠取蓝色背景

二是选择"输出"选项，将其设置为 Alpha 通道，通过调整遮罩生成中的各属性数据，达到图中非黑即白的效果，即图像抠取干净，如图 3-2-8 所示。

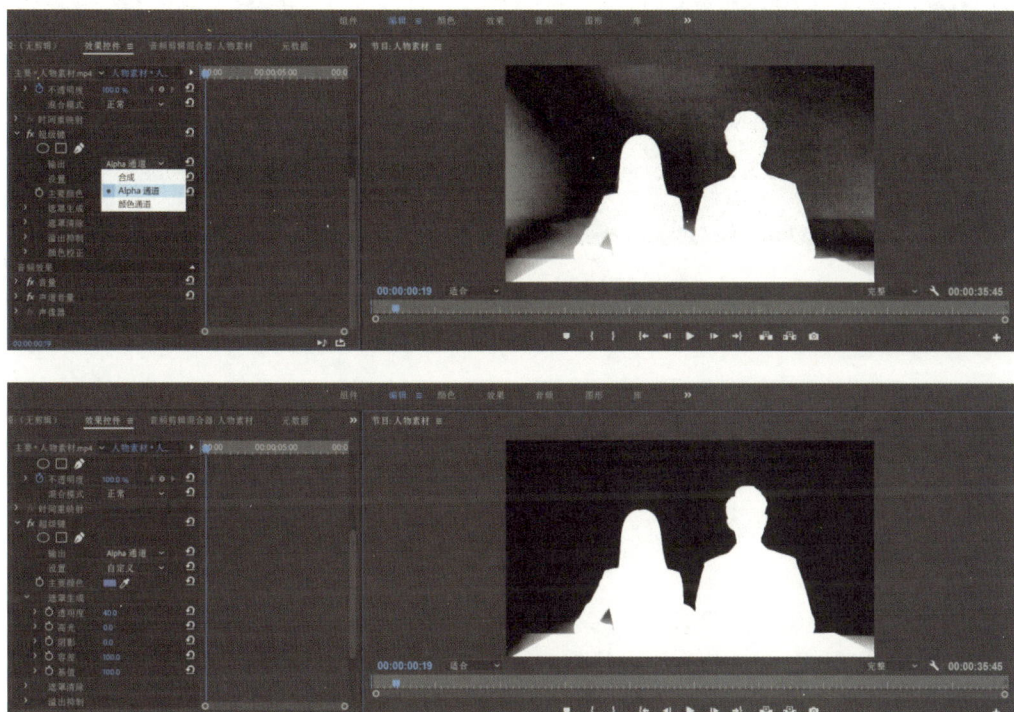

图 3-2-8　进入 Alpha 通道进行调整

第四，单击效果空间台，激活运动属性。

一是调整缩放，将人物素材调整到合适的大小，如图 3-2-9 所示。

图 3-2-9　调整人物大小

二是调整位置，将抠取后的人物素材移动到背景图中合适的位置，如图 3-2-10 所示。

图 3-2-10　调整人物位置

2. 设置蒙版

(1)建立蒙版

每个效果前都设有蒙版形状工具，可以添加圆形、矩形蒙版；使用钢笔工具可以添加任意形状的蒙版。

在"效果控件"面板单击创建形状蒙版按钮，在"节目监视器"面板可以看到所创建的蒙版。

将鼠标移动到蒙版中间时，鼠标会以小手的形状显示，拖动鼠标可以整体移动蒙版。将鼠标放到蒙版边缘的控制点，鼠标变为三角箭头形状时，拖动控制点可以改变蒙版的形状。每个蒙版的边缘都延伸出一个把手，上面有三个控制点。最外侧的是空心点，沿着把手可以向外拖动延伸，用于控制蒙版的羽化量。越向外，羽化量越大。把手中间的控制点用于调整蒙版的扩展，沿着把手向外延伸，可以控制蒙版向外扩展。把手最里面与蒙版的边缘相连的控制点，可以沿着蒙版的边缘移动，调整把手的方向。

添加蒙版后，"效果控件"面板会显示对应的属性选项，如图 3-2-11 所示。

蒙版路径：用于跟踪蒙版。

蒙版羽化：使蒙版边缘产生羽化效果。

蒙版不透明度：调整蒙版的可视程度。

蒙版扩展：可以调整蒙版的大小。

已反转：蒙版翻转。

(2)蒙版跟踪

蒙版具有画面动态跟踪功能。建立蒙版后，可以使蒙版跟踪运动的画面。

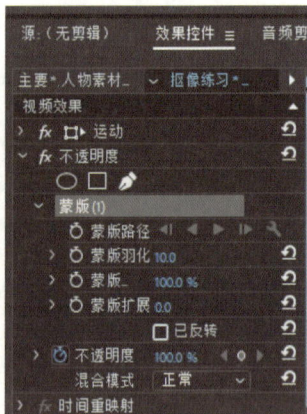

图 3-2-11　蒙版参数设置

(3)入门练习

①单击效果控制台标签，激活效果控制台调板。打开不透明度属性，单击钢笔工具绘制贝塞尔曲线，如图 3-2-12 所示。

图 3-2-12 绘制贝塞尔曲线

②绘制蒙版，使蒙版完全包围人物，同时去除人物下方桌子的画面，达到只留人物、不留桌子的画面效果，如图 3-2-13 所示。

图 3-2-13 去除多余图像

3. 设置边角定位

边角定位功能可对素材的四角进行调整，以达到素材与背景图完美结合的效果。

打开效果文件夹，输入"边角定位"，将其拖动到所需调整的素材上。在"节目监视器"窗口中，用鼠标左键单击调整边角的四点，达到与背景所需画面适中的效果即可。

①将央视图片素材导入"时间线"面板的视频轨道 3，如图 3-2-14 所示。

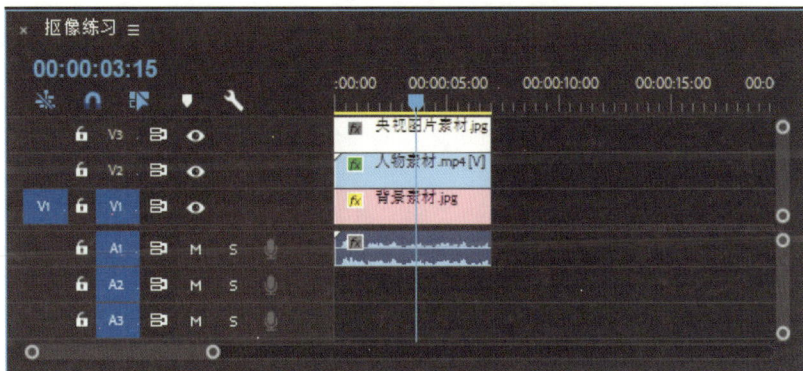

图 3-2-14 将素材导入视频轨道 3

②激活"效果"面板，打开视频效果的扭曲文件夹，选择边角定位效果并将其拖动到"时间线"面板的视频轨道3的央视图片素材上，如图3-2-15所示。

图 3-2-15　设置边角定位效果

③单击效果控制台标签，激活效果控制台调板。调整边角的四点与石头匹配对齐，完成图像边角定位合成，如图3-2-16所示。

图 3-2-16　完成图像边角定位合成

(二)字幕包装剪辑

字幕包装剪辑部分用到央视网相关节目图片进行了介绍，特此说明。

1. 新闻标题制作

在新闻类节目中，新闻标题必不可少。我们主要运用旧版标题对其进行编辑制作。

(1)创建图形

我们通过旧版标题中字幕工具栏的几何图形工具，绘制出标题的所在位置。

(2)创造图形出场的动画效果

我们通过效果控件中的"运动"选项，调整控制图形出场的动画效果。

(3)创建文字

我们运用旧版标题输入文字，并通过字幕属性栏进行调整，确定文字样式及大小。

（4）创造文字出场的动画效果

我们结合图形出场的动画效果，完成文字出场的画面调整。

（5）入门练习

①建立新的序列，将新闻素材及新闻角标素材分别导入"时间线"面板的视频轨道1和视频轨道2，如图3-2-17所示。

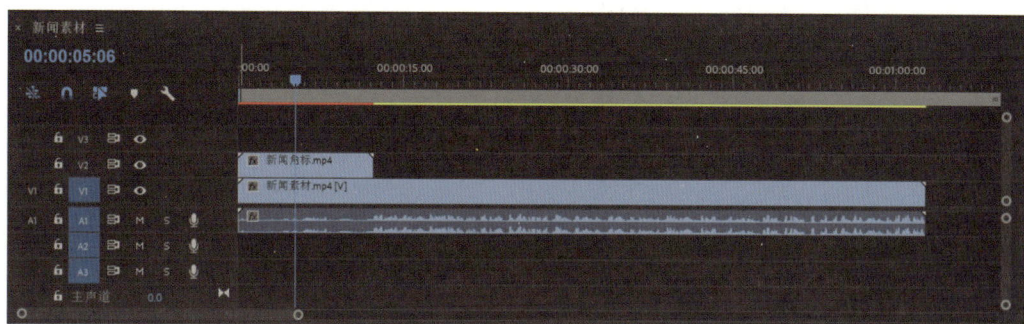

图 3-2-17　导入新素材

利用裁剪特效对新闻角标素材进行裁剪，通过缩放及位置属性的调整，将其放置在画面合适的位置，并进行素材的复制粘贴，以达到同素材的长短一致，如图3-2-18所示。

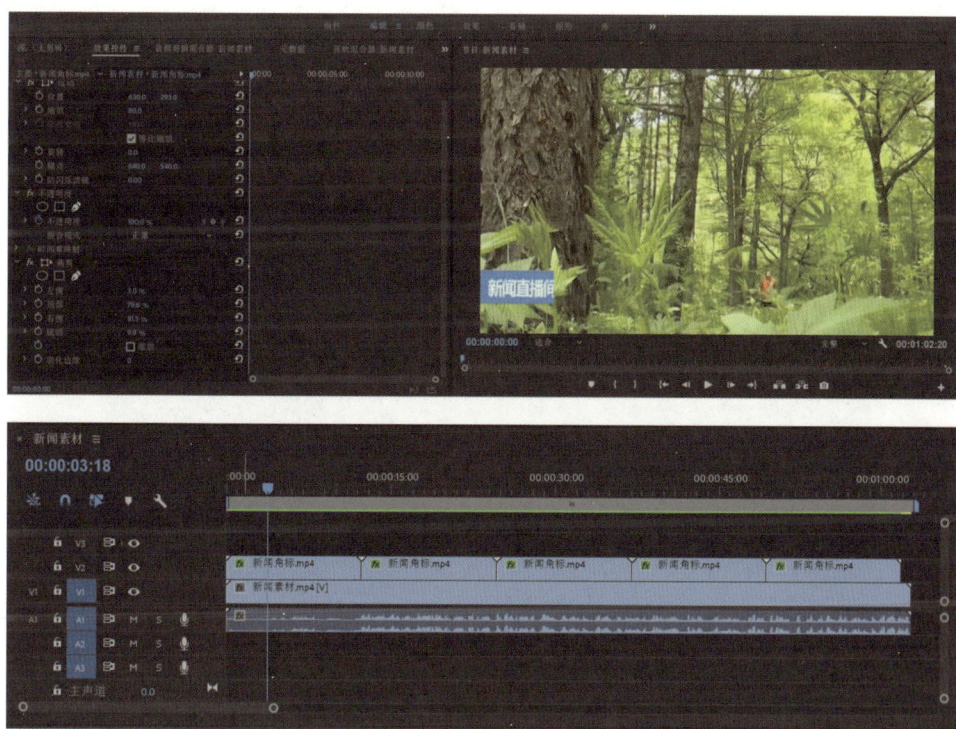

图 3-2-18　裁剪角标素材

②利用文件菜单建立标题字幕。选择命令"文件"→"新建"→"旧版标题"，如图 3-2-19 所示，弹出"新建字幕"对话框，更名为矩形底图。

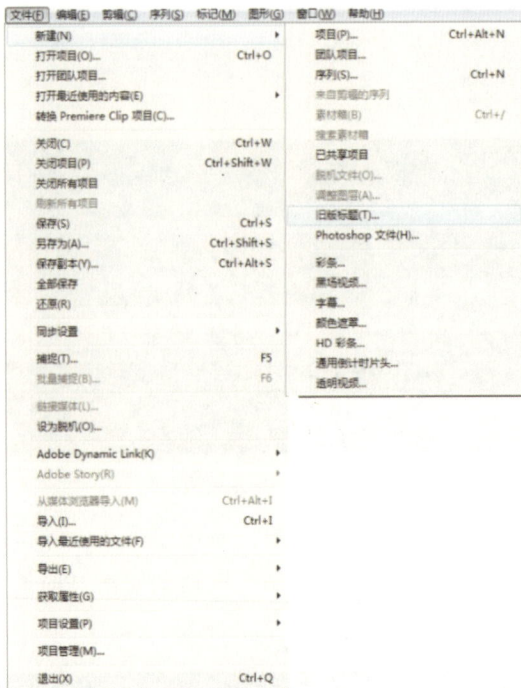

图 3-2-19　选择"旧版标题"命令

打开"旧版标题字幕"窗口，选择几何图形工具中的矩形工具，设置标题的位置。在字幕属性栏中，对所绘制图形进行调整，绘制蓝色底框，如图 3-2-20 所示。

图 3-2-20　绘制蓝色底框

关闭编辑窗口，选中字幕素材并将其拖动到时间线上；激活"效果"面板，打开视频过渡的擦除文件夹，选择划出效果并将其拖动到"时间线"面板的视频轨道 3 的矩形底图素材上；在"效果控件"面板上对其动画时间进行调整，如图 3-2-21 所示。

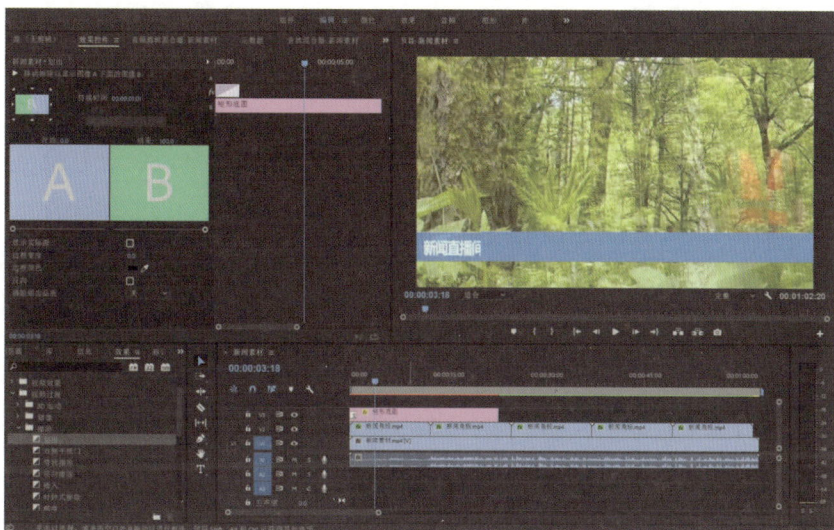

图 3-2-21　设置字幕素材的动画效果

打开"旧版标题字幕"窗口，取名为"新闻标题"，选择文字工具，编辑文字，在字幕属性栏中调整文字的字体、大小、颜色、阴影及位置，如图 3-2-22 所示。

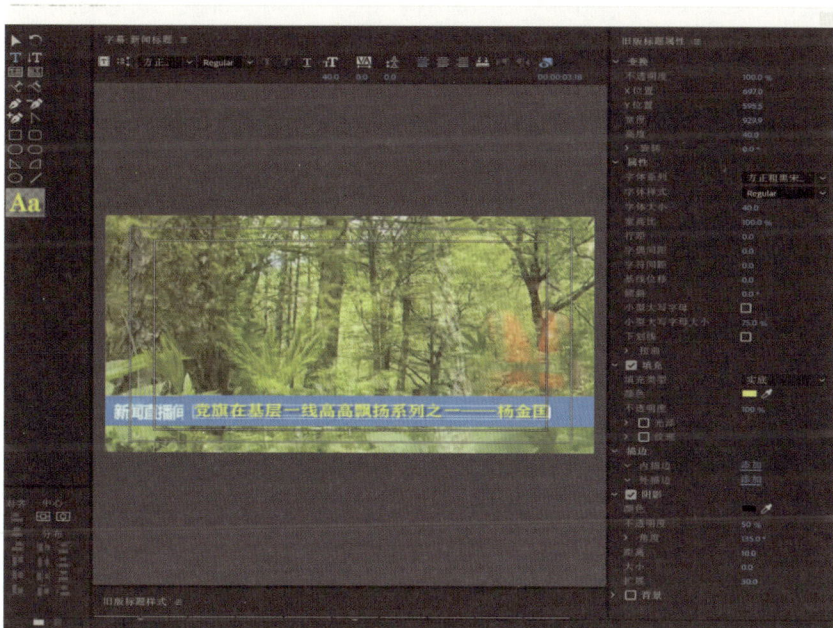

图 3-2-22　设置文字属性

关闭编辑窗口，选中新闻标题素材并将其拖动到时间线上；激活"效果"面板，打开视频过渡的擦除文件夹，选择划出效果并将其拖动到"时间线"面板的视频轨道 4 的新闻标题素材上；在"效果控件"面板上对其动画时间进行调整，如图 3-2-23 所示。

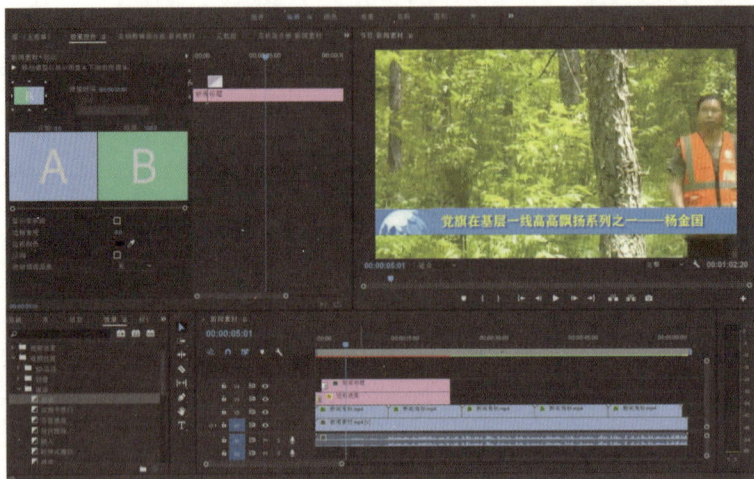

图 3-2-23　设置标题素材的动画效果

　　打开"旧版标题字幕"窗口，取名为"上方字幕"，选择文字工具，编辑文字，在字幕属性栏中调整文字的字体、大小、颜色、阴影及位置。关闭编辑窗口，选中素材并将其拖动到时间线上；激活"效果"面板，打开视频过渡的溶解文件夹，选择交叉溶解效果并将其拖动到"时间线"面板的视频轨道 5 的上方字幕素材上；在"效果控件"面板上对其动画时间进行调整，如图 3-2-24 所示。

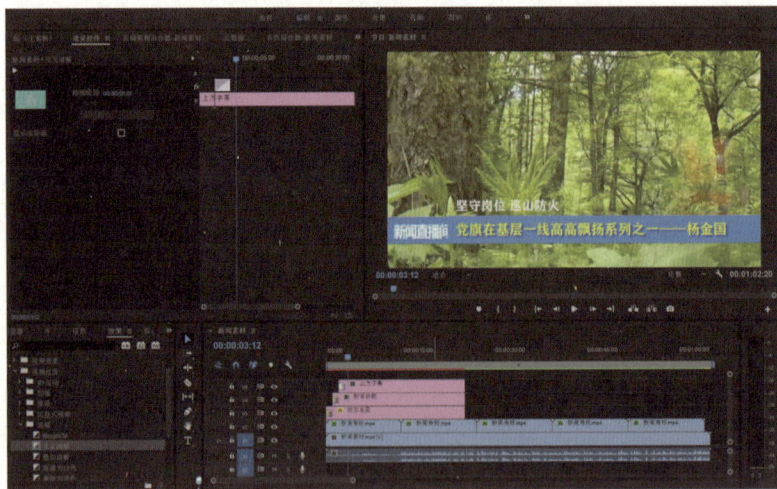

图 3-2-24　设置上方文字动画效果

　　激活"效果"面板，打开视频过渡的溶解文件夹，选择交叉溶解效果并将其分别拖动到"时间线"面板的视频轨道 3、视频轨道 4、视频轨道 5 的素材上；在"效果控件"面板上对其动画时间进行调整，为其制造动画效果，如图 3-2-25 所示。

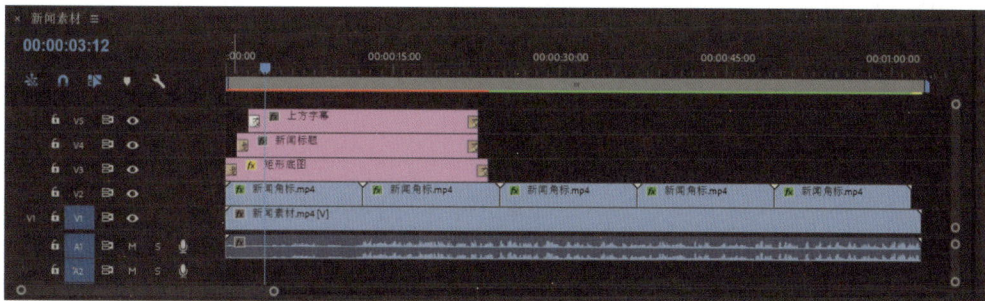

图 3-2-25　设置文字动画效果

2. 同期声字幕制作

(1)建立字幕

①执行菜单"新建"→"字幕"命令。

选择"字幕"命令后，如图 3-2-26 所示，在弹出的"新建字幕"对话框中，打开"标准"选项，选择"开放式字幕"，如图 3-2-27 所示，点击"确定"按钮，在"项目"面板上会显示出新建字幕图标。

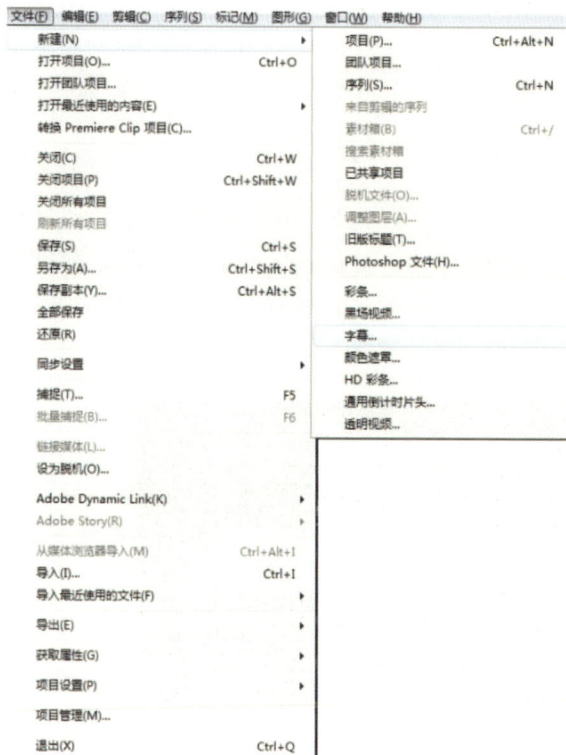

图 3-2-26　选择"字幕"命令

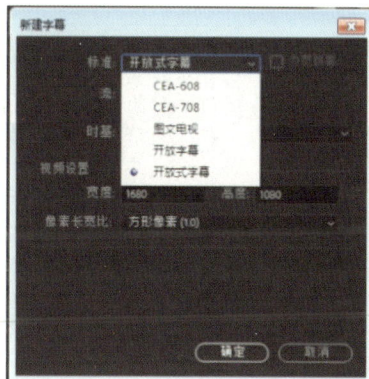

图 3-2-27　设置字幕参数

②在字幕设置区对文字样式、大小、位置等属性进行调整。

用鼠标左键双击字幕图标会打开"字幕"面板。

在字幕设置区，可以对文字的排版，字体，字体形式（粗体、斜体、下划线），音乐注释，填充文字颜色、文字背景色、描边颜色，以及设定文字位置等属性进行调整，如图 3-2-28 所示。

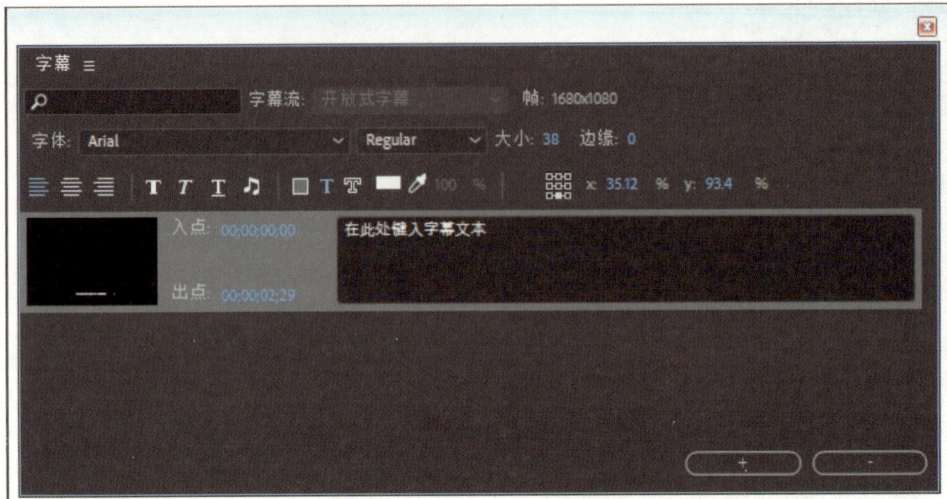

图 3-2-28　设置同期声字幕属性

③制作完成同期声字幕。

（2）入门练习

①建立新的序列，将同期声字幕练习素材导入"时间线"面板的视频轨道 1。利用文件菜单建立标题字幕，如图 3-2-29 所示。选择"文件"→"新建"→"字幕"命令，弹出"新建字幕"对话框，选择"开放式字幕"，点击"确定"按钮，在"项目"面板上会显示出新建字幕图标，并将其拖动到时间线的视频轨道 2，调节长短。

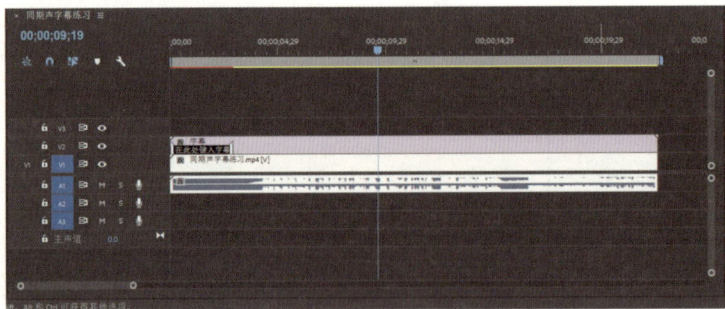

图 3-2-29　新建标题字幕

②用鼠标左键双击，激活"字幕"面板，输入文字，并对字体、大小、描边、背景及位置进行调整，如图 3-2-30 所示。

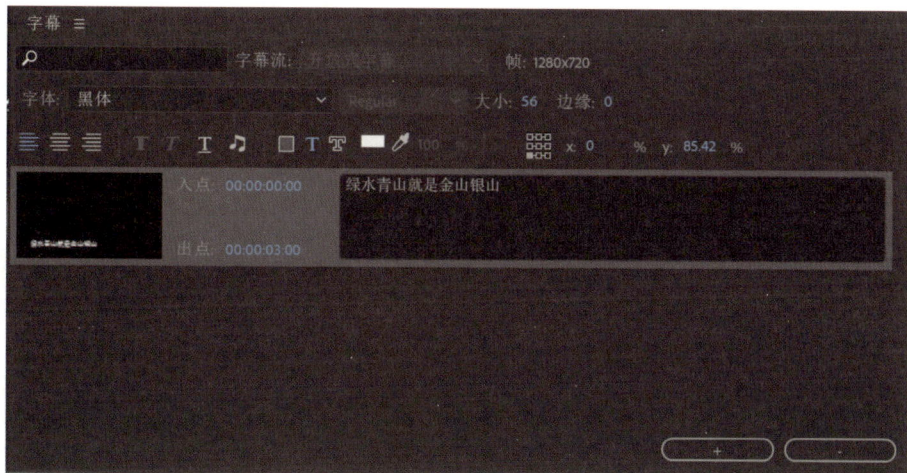

图 3-2-30 设置文字属性

③激活"效果控件"面板，利用位置属性对文字进行画面上位置的调整，如图 3-2-31 所示。

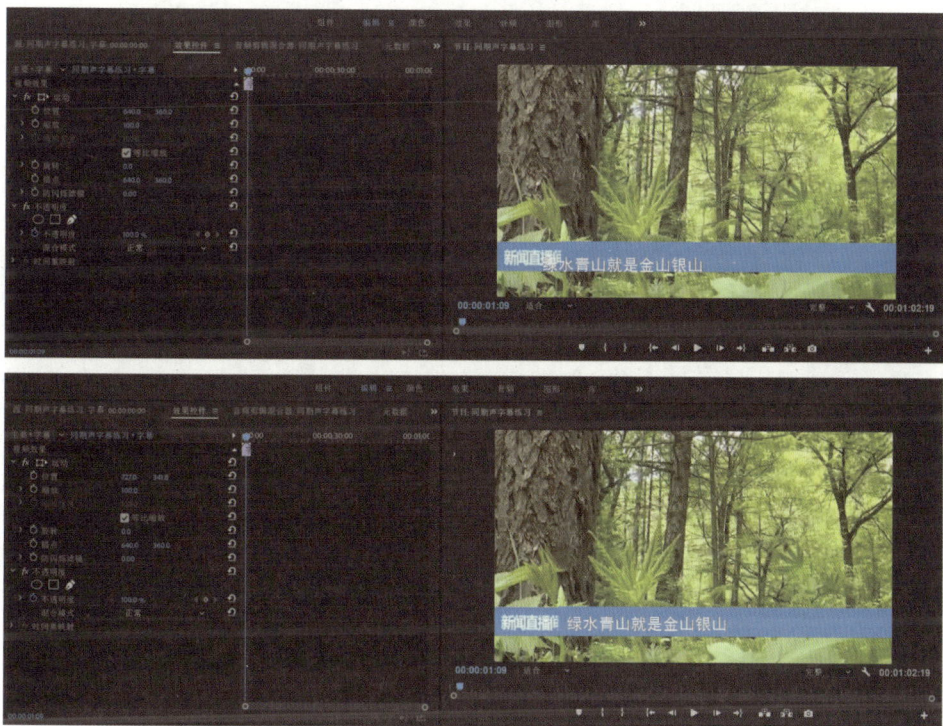

图 3-2-31 调整文字位置

④在"字幕"面板上，点击 继续添加文字，并在时间线中调整文字的出场时间及时长，完成字幕制作，如图 3-2-32 和图 3-2-33 所示。

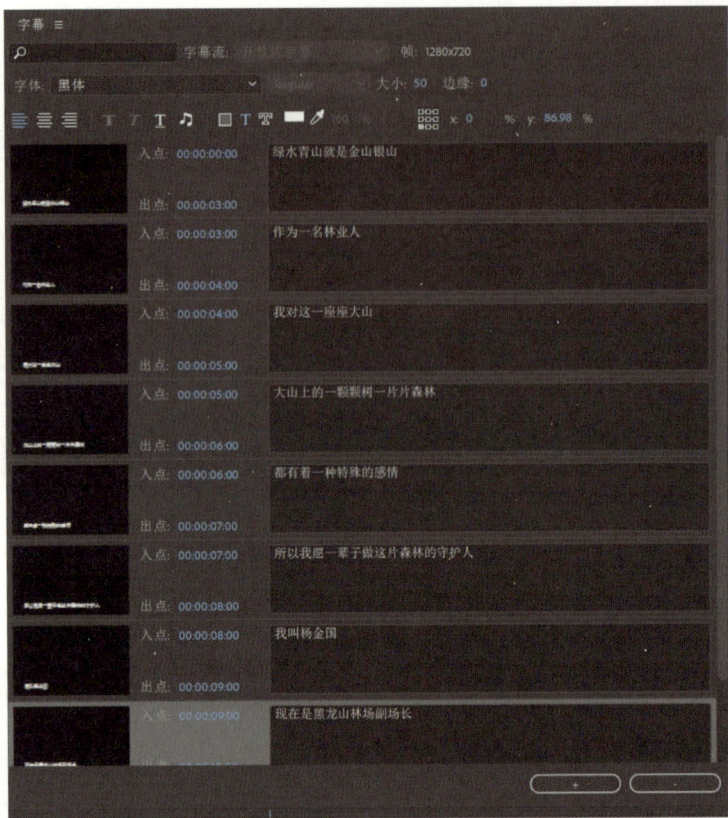

图 3-2-32　添加文字

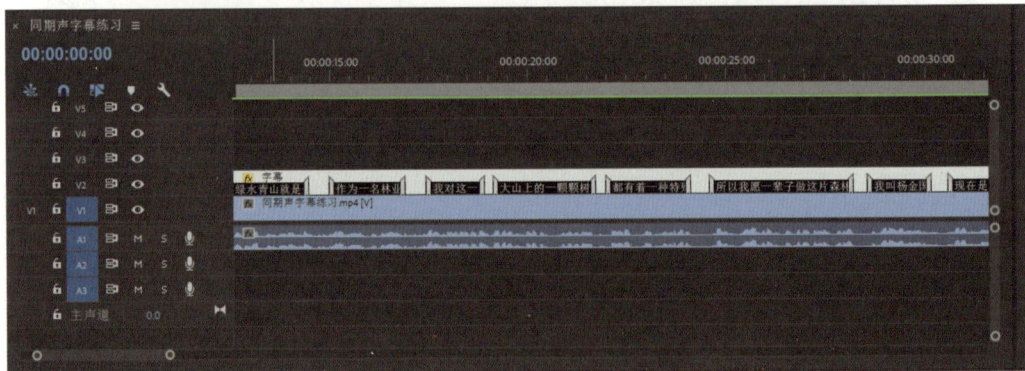

图 3-2-33　调整文字出场时间及时长

3. 横向滚动字幕制作

在新闻类视频节目中，节目下方通常会插入消息、广告、突发新闻或天气预报等字幕。这些字幕通常使用旧版标题来制作。

创建旧版标题，在字幕编辑区下方输入所需文字，在字幕属性栏中调整文字的字体、大小及位置，如图 3-2-34 所示。

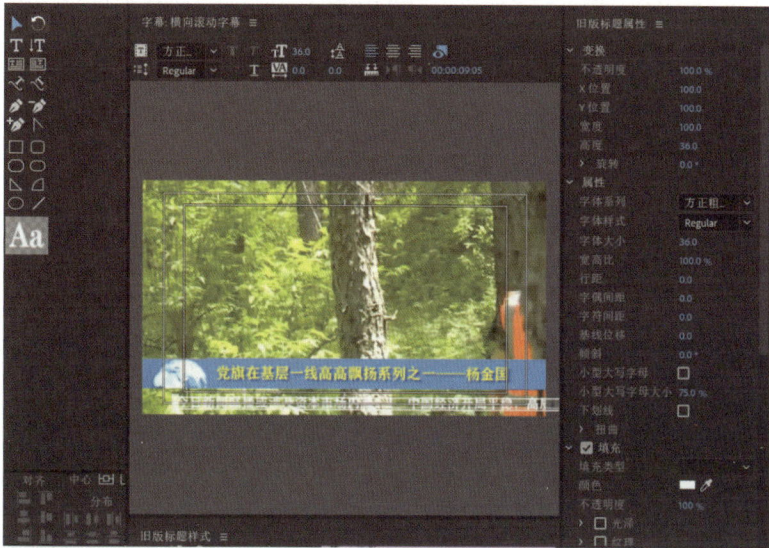

图 3-2-34　创建旧版标题

单击"滚动/游动选项"，在弹出的对话框的"字幕类型"一栏中选择"左游动"，如图 3-2-35 所示。同时勾选"开始于屏幕外""结束于屏幕外"。然后单击"确定"按钮，关闭此对话框，回到"字幕"窗口位置。

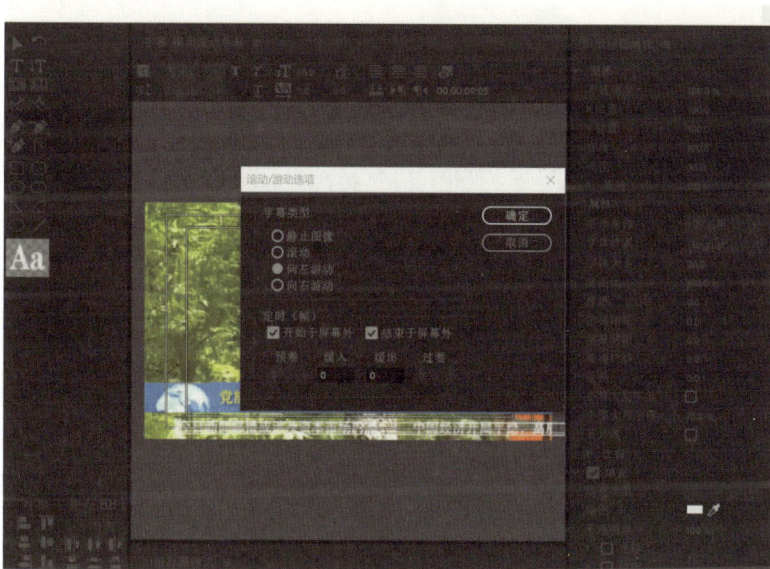

图 3-2-35　设置字幕左滚动效果

关闭"字幕"面板，将"项目"窗口里新建的游动字幕拖动到时间线上，放置到视频轨道上，调整字幕的长度且与图片画面对齐，由字幕长短控制字幕播放速度，观看调整字幕的播放效果，如图 3-2-36 所示。

图 3-2-36　调整字幕的长度

4. 滚动字幕制作

新闻类视频节目最后还需要制作演职人员工作表。我们以电影《我和我的祖国》职员表为例。

创建旧版标题，在字幕编辑区下方输入所需文字，如图 3-2-37 所示。

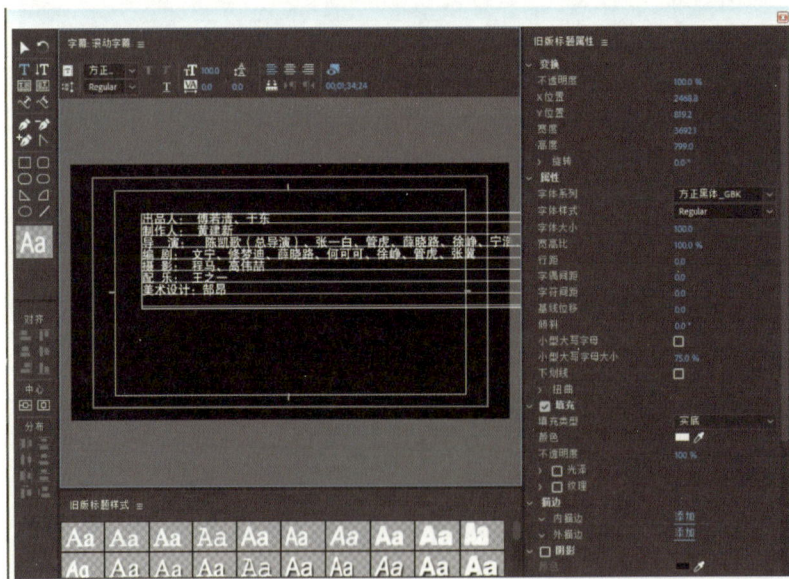

图 3-2-37　创建旧版标题并输入文字

在字幕属性栏中调整文字的字体、大小及位置，如图 3-2-38 所示。

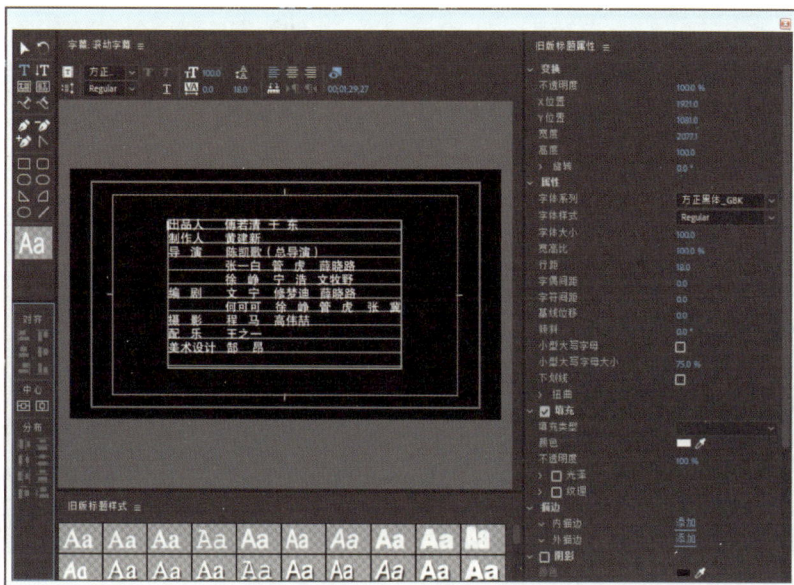

图 3-2-38　调整文字的字体、大小及位置

单击"滚动/游动选项"，在弹出的对话框的"字幕类型"一栏中选择"滚动"。同时勾选"开始于屏幕外""结束于屏幕外"。然后单击"确定"按钮，关闭此对话框，如图 3-2-39 所示。

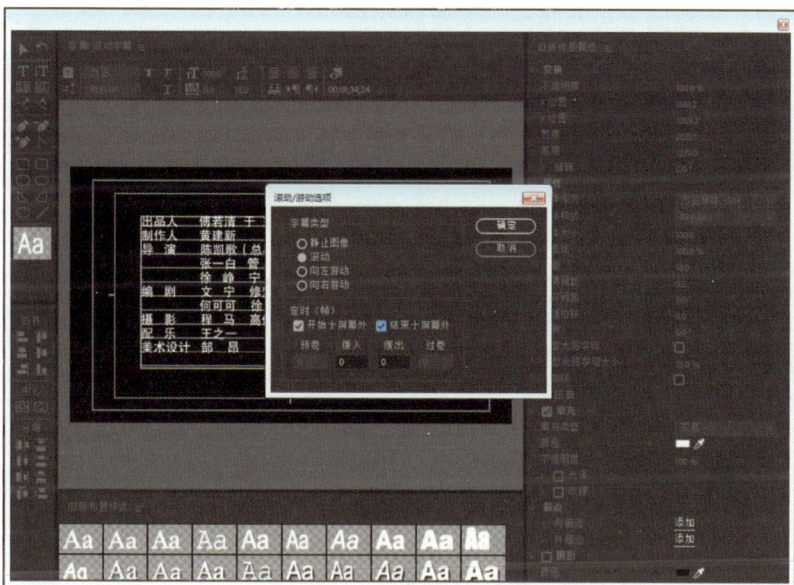

图 3-2-39　设置滚动字幕属性

将"项目"窗口里新建的滚动字幕拖动到时间线上，观看调整字幕的播放效果，如图 3-2-40 所示。

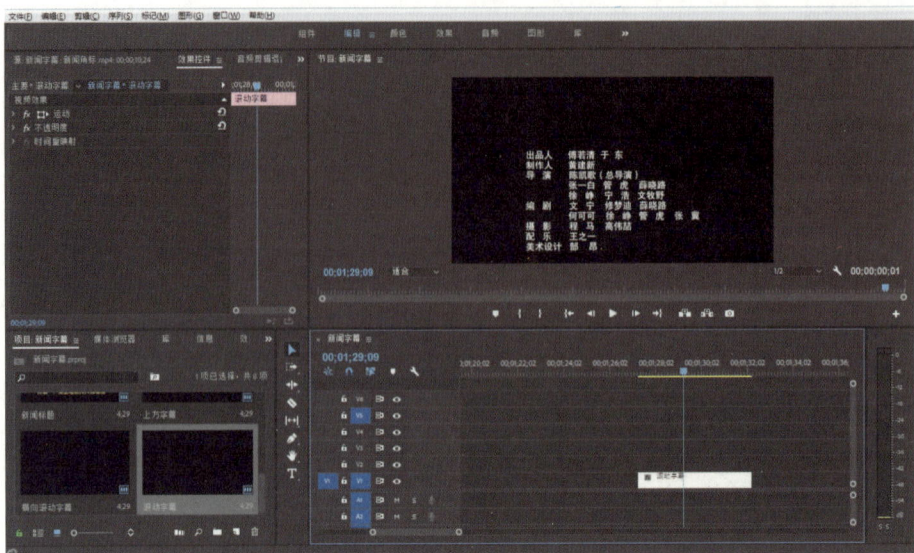

图 3-2-40　调整滚动字幕的播放效果

(三)新闻类视频剪辑案例练习

本部分学习的案例为校园电视台新闻节目制作。

教师规定考核内容和要求，学生自行拍摄、剪辑、制作。

考核内容：为校园电视台制作一期新闻节目。

考核要求：新闻主题表现鲜明；结构符合主题需要；节目剪辑符合新闻剪辑的原则，包括剪辑点的选择、镜头长度、拍摄角度和景别的运用；为节目添加并设计图文字幕；解说词要言之有物，言之有度；合理使用同期声。

第四章　采访类视频剪辑

　　纪录、专题、访谈类节目中都有大量的采访，采访素材的剪辑是节目制作中一个重要的环节。本章将学习采访素材的剪辑技术，通过对基础知识的学习和案例的分析，了解采访素材的剪辑流程、采访素材的剪辑规律以及利用非线性剪辑系统剪辑采访素材的技巧。

一、采访类视频的剪辑方法和技巧

(一)采访声音的调整

　　电视是声画的艺术，对采访声音的处理关系着剪辑的质量。整理采访声音时一定要保证声音质量的统一、完整、真实和自然。

　　1. 标准化音频增益设置

　　当剪辑中同时出现多个采访素材的时候，由于采访素材的声音来源不同，声音大小和音质会存在差别。

　　这是播音系学生自我介绍的两段音视频，声音的波形对比差别很大，如图 4-1-1 所示。

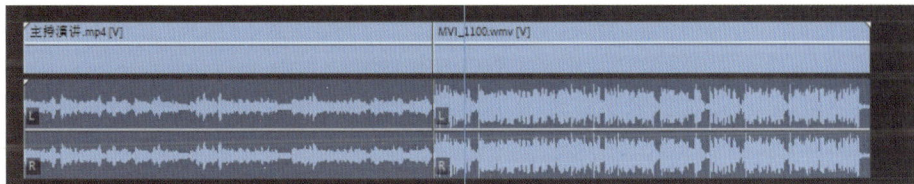

图 4-1-1　声音的波形对比

　　这说明其输入信号的信噪比有很大差别，左边第一段波形低的音频质量不如第二段波形饱满的音频好，左边播放的声音会忽高忽低。

音频输出信号要符合播出要求，必须平衡太高或太低的输入音频信号，确保声音的一致性。Premiere Pro CC 的"声音增益"命令可以起到这个作用。调整增益时，用鼠标右键单击需要调整的声音素材，在弹出的菜单中选择"音频增益"命令，如图 4-1-2 所示。

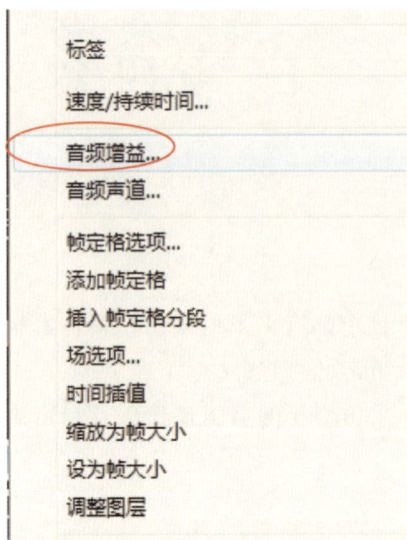

图 4-1-2　选择"音频增益"命令

接着弹出"音频增益"对话框，如图 4-1-3 所示。

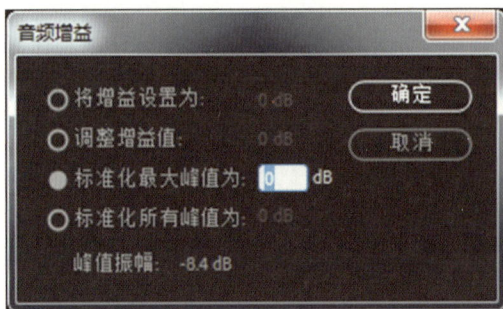

图 4-1-3　"音频增益"对话框

"音频增益"对话框有如下 4 个选项。

"将增益设置为"：此选项表示将声音分贝值设置到多少，可直接输入确定需要的数值。

"调整增益值"：此选项表示在原有的基础上增减数值，以输入的数值放大或减小增益。

"标准化最大峰值为"：默认值为 0，此选项表示可将选定剪辑的最大峰值振幅调整为用户指定的值。

"标准化所有峰值为"：用于多段音频增益调整，可将选定剪辑的峰值振幅调整到用户指定的值。

设置标准化最大峰值为 0 时，音频素材波形在时间线音频轨道上会明显增大，音频素材的声音质量也会得到明显改善，如图 4-1-4 所示。

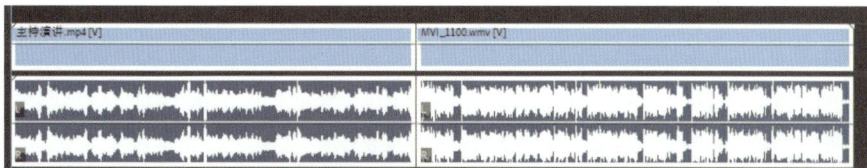

图 4-1-4　增益后的音频素材波形和声音质量

2. 整体声音的音量匹配

当"时间线"面板上所有采访素材的声音需要统一音量的大小时，设置采访素材音频增益调整就太麻烦了，需要使用声音自动匹配方法，完成采访音频素材匹配。

选择音频窗口模式，打开"基本声音"面板，如图 4-1-5 所示。

选中所有采访素材的音频，点击"基本声音"面板选项。打开"对话"面板，点击"响度"选项，如图 4-1-6 所示。

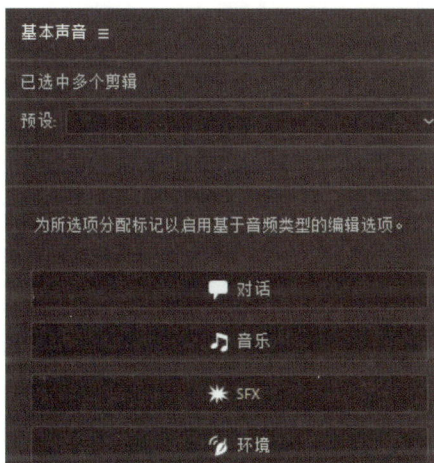

图 4-1-5　"基本声音"面板

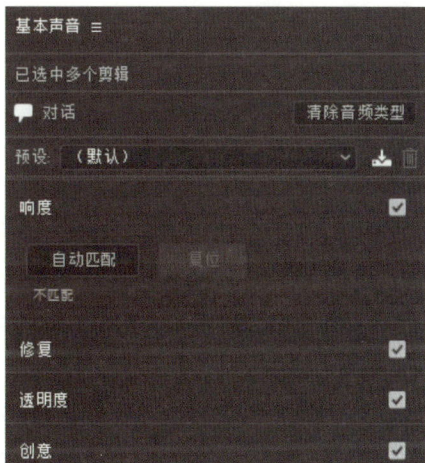

图 4-1-6　点击"响度"选项

点击"自动匹配"按钮，进行音频轨道全部声音的统一匹配，对声音的音量进行统一调整。将原采访音频波形和匹配后的音频波形进行比较，如图 4-1-7 所示。

图 4-1-7　原音频波形和匹配后的音频波形的比较

3. 音量调整和声音淡入淡出设置

(1) 音频素材的音量调整

音量调整是对素材声音大小的调整。伸展音频轨道的宽度，可以看到轨道素材上会出现一条直线，这是这段音频素材的音量控制线，如图 4-1-8 所示。拖动轨道素材上的控制线向上放大音量，向下减小音量。需要明确的是，对音量控制线的调整，可以放大或减小音频素材的音量，但波形大小不会改变。

图 4-1-8 调整音量的大小

(2) 声音淡入淡出设置

在纪录、专题类剪辑中添加的背景音乐声突然出现或突然结束，会给人一种突兀的不舒服感。所以我们在很多场合需要将声音进行淡入淡出处理，控制声音的起伏。在声音起始位置使用钢笔工具在控制线的起始处点击建立关键帧，在 2 秒后再次点击建立第二个关键帧。拖动第一个关键帧向下到最底端，使控制线起始呈上坡形，这时声音会由小到大慢慢进入。在声音结束时使用钢笔工具在控制线的结尾位置点击建立关键帧，向前移动 2 秒，再次点击建立第二个关键帧。拖动最末端关键帧向下到最底端，控制线尾部呈下坡形，这时声音会由大到小慢慢淡出。淡入和淡出会使声音更加自然和真实，如图 4-1-9 所示。

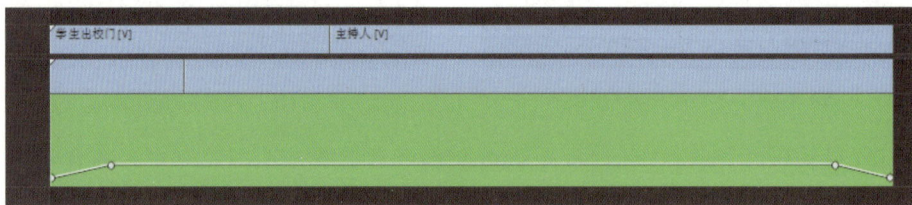

图 4-1-9 声音淡入淡出设置

4. 采访声音精简

(1) 借助音频波形剔除无效音

人们在镜头前说话时往往没有平时那么顺畅，采访人在语音表述上会存在不少的停顿、反复、卡壳、磕巴、词不达意的语音缺陷。剪辑整理时，尽可能把那些让人听起来别扭的地方剪掉，保留清晰、干净、自然的语音。这些语音缺陷混杂在正常的语音中，很难被准确干净剔除，我们可借助音频波形来定位。剪辑时，放大音频轨道，便于利用音频波形寻找语音缺陷，如图 4-1-10 所示。

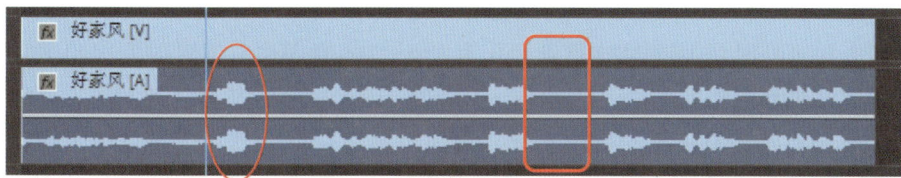

图 4-1-10　利用音频波形寻找语音缺陷

波形完全安静的地方存在过长的停顿，一般是恒定的一道线，剪断后，可剔除语音中过长的停顿；波形明显短暂的剧烈凸起有可能是语音的缺陷处。借助波形，监听声音，使用剃刀工具对音频素材进行准确的剪辑，如图 4-1-11 所示。

图 4-1-11　剔除有语音缺陷的波形

（2）设置音频过渡效果

剪辑后的音频素材，长度缩短，语音精简。由于语音的连贯性，衔接处的语音听上去会有些不太自然，可以尝试使用非常短的音频转场，利用声音的相互淡化处理来掩饰。选择"音频过渡"设置，如图 4-1-12 所示。

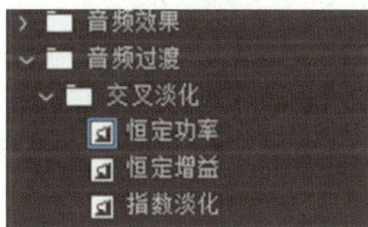

图 4-1-12　选择"音频过渡"设置

选择"音频过渡"中"交叉淡化"的恒定功率效果，拖到两段声音的衔接处，分别添加 6 帧长度的声音转场，音频衔接处听上去有所改善，如图 4-1-13 所示。

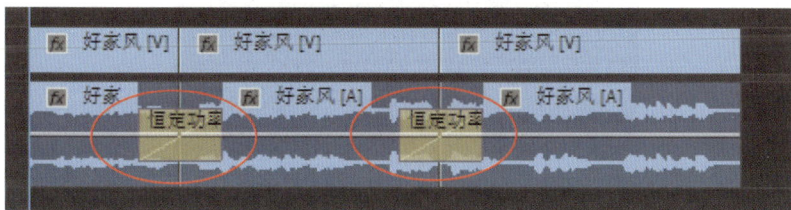

图 4-1-13　设置恒定功率效果

5. 人声和背景音乐调节

(1)背景音乐与人声匹配

剪辑采访声音时添加匹配的背景音乐有利于情感的表达。剪辑时要突出人声,让背景音乐起修饰和渲染的作用。Premiere Pro CC 具有强大的音频处理能力,可以调整"时间线"面板上各音频轨道的音频素材,借助音频剪辑混合器,通过监听人声,实时控制背景音乐的起伏。

点击菜单栏中的"音频剪辑混合器"命令,如图 4-1-14 所示。

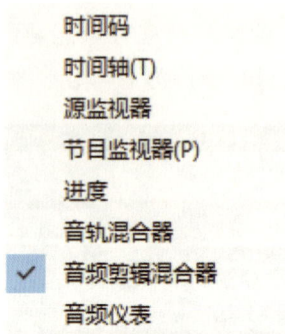

图 4-1-14 点击"音频剪辑混合器"命令

打开"音频剪辑混合器"面板,如图 4-1-15 所示。

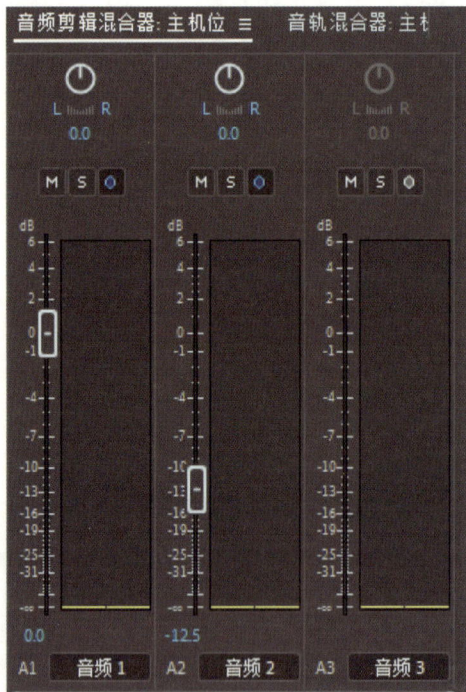

图 4-1-15 "音频剪辑混合器"面板

音频剪辑混合器可以调节"时间线"面板对应轨道的音频素材。音频剪辑混合器由若干个音频控制器组成，与"时间线"面板的音频轨道一一对应。每个混合器都有声道调整旋钮，用于控制左右声道的音量；"控制"按钮用于控制静音、独奏、写关键帧；滑动音量滑块可用于调节音量的大小。

以下为一段学生的朗诵配音，"时间线"面板上分布着朗诵的音视频和准备配音的背景音频，如图 4-1-16 所示。

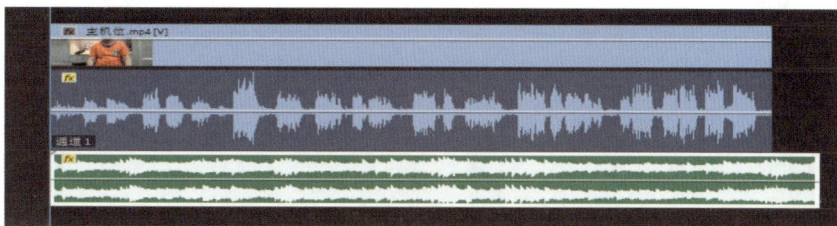

图 4-1-16　"时间线"面板上分布的音视频

我们要配合朗诵声，调整背景音乐的音量大小：有朗诵声时降低背景音乐的音量，在朗诵声间隙处提高背景音乐的音量。在音频剪辑混合器中选择背景音乐所在的第二个混合器，"控制"按钮上选择"写关键帧"命令，如图 4-1-17 所示。

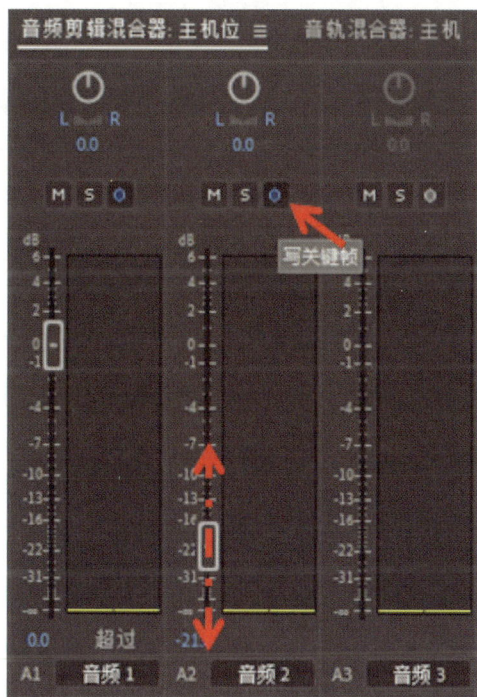

图 4-1-17　选择"写关键帧"命令

播放音视频和监听朗诵声的同时，用鼠标左键按住音量滑块，根据朗诵声的大小和间隔向上和向下滑动，对背景音乐进行实时调整，如图 4-1-18 所示。电脑会自动记录操作过程，并在背景音乐素材上自动建立关键帧，控制声音的起伏。

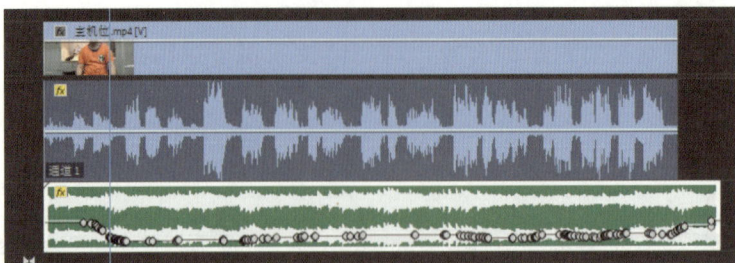

图 4-1-18　调整背景音乐

（2）人声回避自动匹配背景音乐

音频剪辑混合器可用于手动实时调整音轨的强弱，但要花费大量的时间和精力。Premiere Pro CC 新增的伴奏音自动闪避功能可用于便捷、迅速地完成人声和背景音乐的匹配，使配音剪辑变得轻而易举。

在 Premiere Pro CC 中选取两段人声和背景音乐，如图 4-1-19 所示。

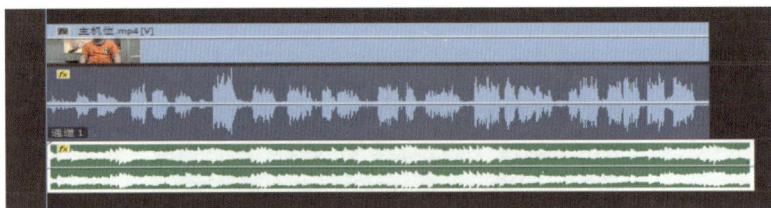

图 4-1-19　选取人声和背景音乐

将基本音频工作区调整为打开状态，或在窗口菜单中选择"基本声音"命令，打开"基本声音"面板，如图 4-1-20 所示。

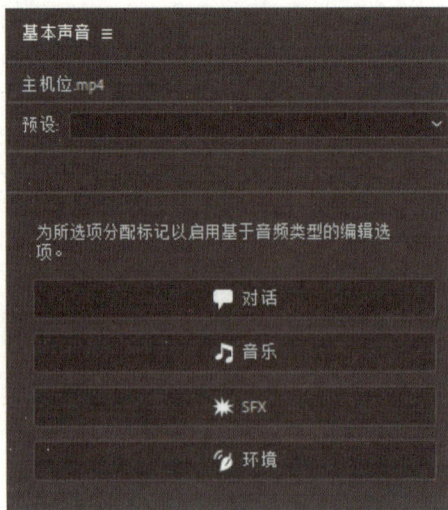

图 4-1-20　"基本声音"面板

"基本声音"面板是集音频基本功能于一身的一个音频综合调整面板，精简实用，非常适用于常见的音频混合。

人声自动回避功能，适合人声和背景音乐的匹配。Premiere Pro CC 会根据人声的大小起伏和间隔，自动降低和提高对应的背景音乐音量，操作简便、快捷，极大地提高了工作效率。

在时间线上创建包含背景音乐和朗诵声的多轨音频剪辑布局，上轨为朗诵声，下轨为修饰朗诵的背景音乐，如图 4-1-21 所示。

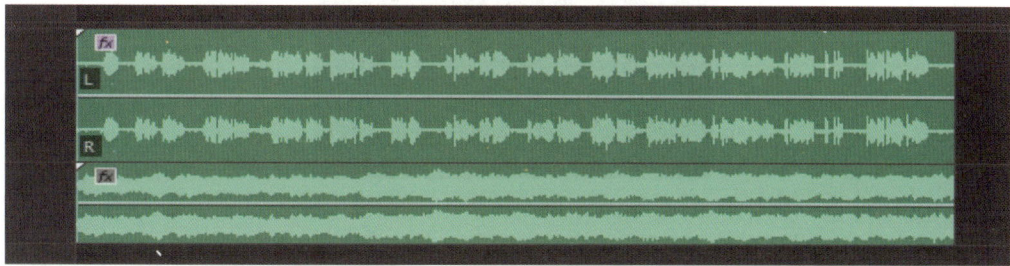

图 4-1-21　创建多轨音频剪辑布局

选择上轨朗诵声，点击"对话"功能模块，打开"对话"面板，在"基本声音"面板将朗诵声标记为对话类型，如图 4-1-22 所示。

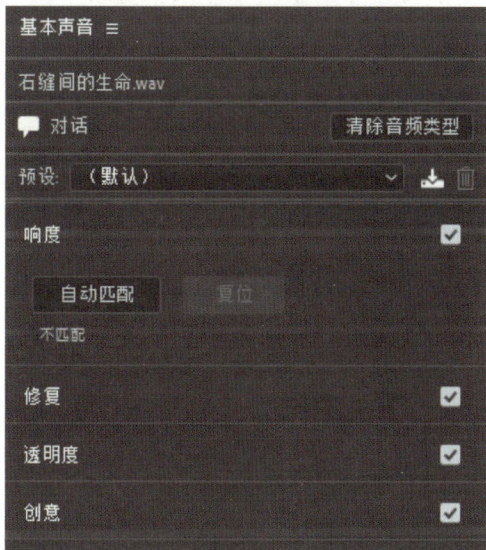

图 4-1-22　标记为对话类型音频

选择下轨背景音乐，点击"音乐"功能模块，将该音频素材标记为音乐类型。展开"音乐功能模块"面板，点击"回避"旁的复选框，激活回避功能，如图 4-1-23 所示。

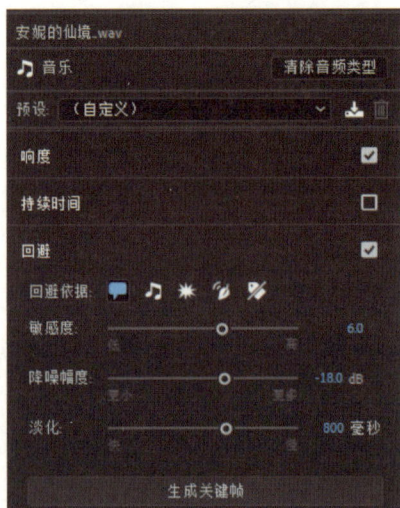

图 4-1-23　标记为音乐类型音频

回避依据：点选"依据对话剪辑回避" 按钮，使背景音乐处于依据对话回避状态，如图 4-1-24 所示。

图 4-1-24　点选"依据对话剪辑回避"按钮

其中敏感度、降噪幅度、淡化属性可以根据匹配要求进行调节。

敏感度的滑块值越高，调整越多；滑块值越低，调整越少。降噪幅度用于音量的降低和升高，向右调整降低音量，向左调整升高音量。淡化用于控制音量调整的速度。

"生成关键帧"选项是一个根据回避参数自动建立关键帧的按钮，如图 4-1-25 所示。

图 4-1-25　"生成关键帧"选项

背景音乐会依据人声的起伏、停顿，在背景音乐素材上自动生成匹配变化的关键帧，与人声完全对应，如图 4-1-26 所示。

图 4-1-26　背景音乐自动生成关键帧

(二)采访画面的色调匹配和转场修饰

1. 画面匹配颜色

色调是指视频画面色彩外观的基本倾向。在明度、纯度、色相冷暖要素中，某种因素起主导作用。这样画面会趋向于某种色调，倾向于偏红暖色调或偏蓝冷色调等。这种颜色上的倾向就是视频画面的色调。

采访视频前期拍摄完毕后，由于摄像机型号种类的不同，拍摄时间的不同，后期剪辑时素材画面在时间线上会显现出色调的差异。这种色调差异产生的色彩跳跃，会影响影片的观赏性。

对采访视频画面的色调处理关系着采访剪辑的质量，因此对采访素材必须完成色调的匹配调整，保证画面色调的统一、自然和真实。

当一个采访剪辑中同时出现多个采访素材的时候，由于采访素材的来源不同，视频画面的色调往往存在差别。剪辑时，需要按照采访风格，融合采访素材的色调差异，使其与采访主题吻合。

图4-1-27是在同一地点、同一时间、同一灯光背景下使用不同相机拍摄的两段视频素材，尽管地点、时间和灯光相同，但由于相机的型号不同，画面呈现的色调仍然存在差别，明显看出右侧主持人画面的色调偏淡。

图 4-1-27　视频素材的色调比较

不同色相、纯度、明度的色彩位于画面不同的位置，造成色调的差别，会产生视觉上不同的均衡感，需要在后期剪辑时进行校正处理。Premiere Pro CC色彩调整功能非常强大，色调的调整效果也很多，在这里我们使用"通道混合器"命令来进行调整。调整色调时，用鼠标右键单击需要调整的色调素材，在弹出的菜单中选择"颜色校正"→"通道混合器"命令，如图4-1-28所示。

将"通道混合器"命令添加到时间线左侧女主持人的画面上，如图4-1-29所示。

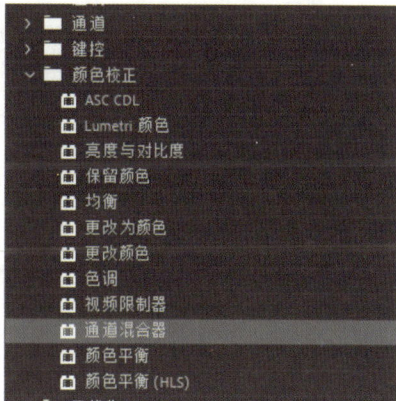

图 4-1-28　"通道混合器"命令

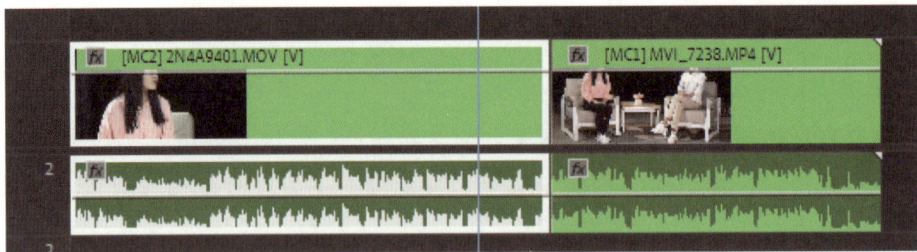

图 4-1-29　添加"通道混合器"命令

调整通道混合器的各项参数值，如图 4-1-30 所示。打开"效果控件"面板，参考分量（RGB）示波器，如图 4-1-31 所示。

图 4-1-30　调整通道混合器参数

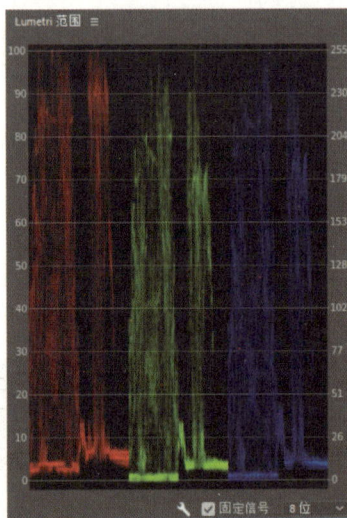

图 4-1-31　分量（RGB）示波器

经过调整后，右侧主持人的画面色调与左侧画面的色调有了明显的改善，色调的一致性更高，如图 4-1-32 所示。

图 4-1-32　视频素材的色调调整

2. Lumetri 自动画面匹配颜色

尽管借助 Premiere Pro CC 的调色功能，可以校正色调差异的画面，但调整的过程复杂而烦琐，花费了大量的时间和精力。

Lumetri 调色效果中的颜色匹配功能，可以便捷、迅速地完成素材色调的匹配或使色调相近，使调整色调变成轻而易举的事情。在 Premiere Pro CC 中选取三段视频，尝试进行色调调整，如图 4-1-33 所示。

图 4-1-33 三段视频的画面色调

三段视频的色调不一致：第一段视频的色调基本正常，第二段视频的色调偏向暖色调，第三段视频的色调偏向冷色调。对于视觉而言，橙红、黄色、红色等色系常与炽热、温暖、热情有关，反映了厚重、可靠、饱满、沉稳的感受，属于暖色。而冷色调蓝紫色系则会显示出安静、空荡、遥远、通透的视觉感受。

我们在调色中要根据影片的风格，采用恰当的冷暖调，平衡反差太大的色调差别，确保画面色调的一致性。

使用菜单"窗口"→工作区→"颜色"命令，打开颜色工作区。在"时间线"面板选择第二段视频，调整素材；在 Lumetri 面板，用鼠标左键点击"色轮和匹配"选项，如图 4-1-34 所示。

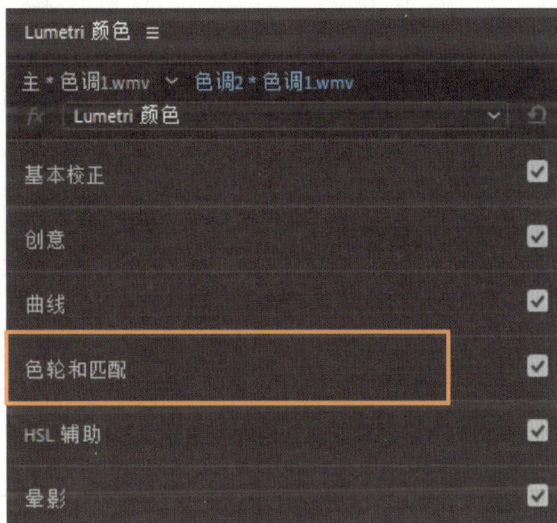

图 4-1-34 点击"色轮和匹配"选项

打开"色轮和匹配"工作区。用鼠标左键点击面板右侧颜色匹配中的"比较视图"按钮，如图 4-1-35 所示。

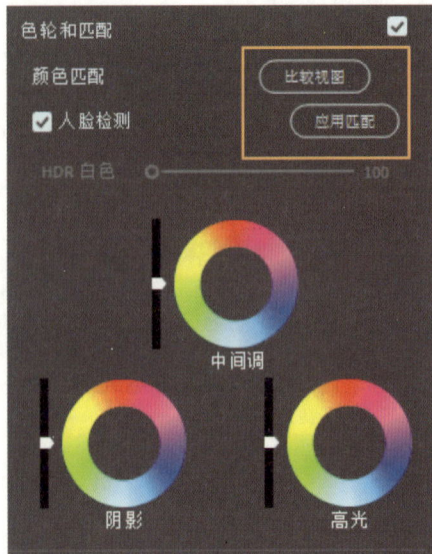

图 4-1-35　点击"比较视图"按钮

在"节目监视器"窗口，点击"选择比较模式"，画面呈现如图 4-1-36 所示。

图 4-1-36　点击"选择比较模式"

用鼠标左键点击 ▥ 按钮，选择"画面对比模式"，如图 4-1-37 所示。点击并排

▣，垂直拆分 ▥ 或水平拆分 ▤ 按钮，可以选择需要的预览形式。

图 4-1-37　选择"画面对比模式"

在比较窗口左侧参考视图下有一个滑动条，拖动滑动条上的滑动圆点，可以寻找时间线上需要匹配的参照画面，如图 4-1-38 所示。

图 4-1-38　利用参考视图找到需要匹配的参照画面

选中需要匹配的画面，用鼠标左键点击 Lumetri 面板右侧的"应用匹配"按钮，如图 4-1-39 所示。

图 4-1-39　点击"应用匹配"按钮

最后可以看到两段视频素材的画面色调实现了匹配，色调比较一致了，如图 4-1-40 所示。

继续第三段视频的颜色匹配，在"时间线"面板上选择第三段视频，如图 4-1-41 所示。

图 4-1-40　第一段和第二段视频的色调匹配

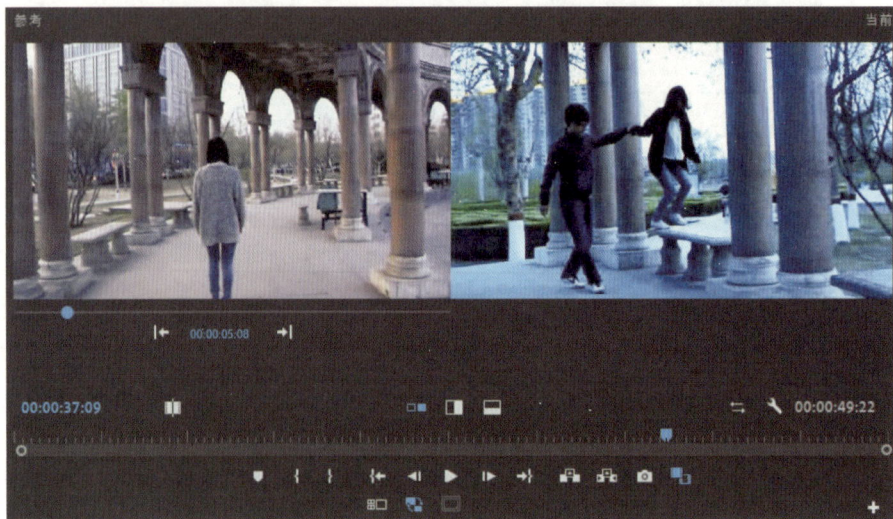

图 4-1-41　进行第三段视频的颜色匹配

选中需要匹配的第一段视频画面，用鼠标左键点击 Lumetri 面板右侧的"应用匹配"按钮，将第一段和第三段两段视频画面的颜色进行匹配，如图 4-1-42 所示。

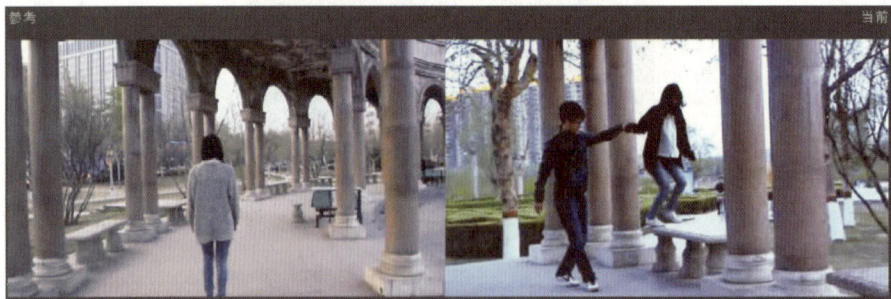

图 4-1-42　完成第一段和第三段视频的颜色匹配

画面色彩匹配完成后，还可调整色轮，完成画面色调的精确调整。

3. MorphCut 转场掩盖画面侧动跳帧

导入"大学生就业"视频素材，素材长度为 20 分 14 秒，如图 4-1-43 所示。

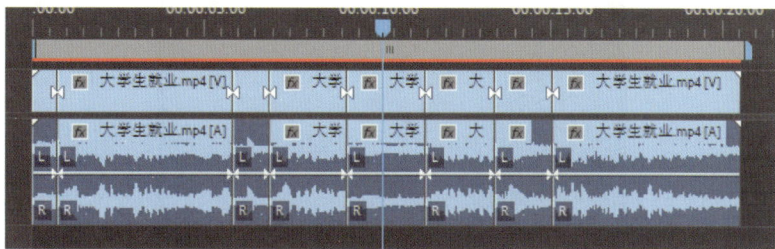

图 4-1-43　导入视频素材

使用波纹删除命令去掉语音缺陷之处，重新整理后，素材长度为 14 分 20 秒，如图 4-1-44 所示。

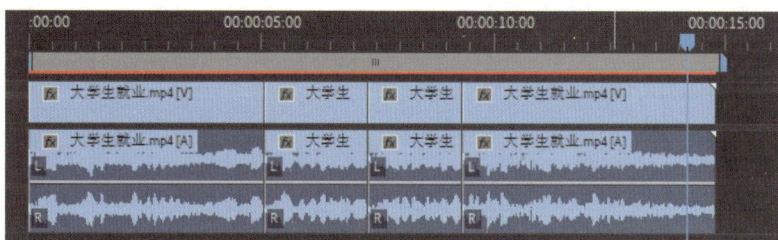

图 4-1-44　用波纹删除命令去掉语音缺陷之处

在"效果过渡"面板展开"视频过渡效果"→"溶解过渡"→"MorphCut"，选择"MorphCut"，如图 4-1-45 所示。

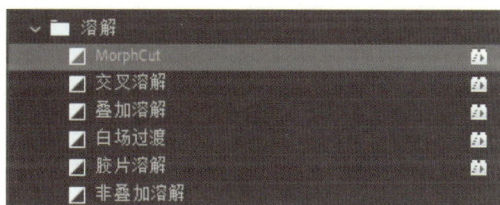

图 4-1-45　选择"MorphCut"

用鼠标左键把这个转场效果添加到画面的剪辑点，为视频素材添加 MorphCut 转场效果，如图 4-1-46 所示。

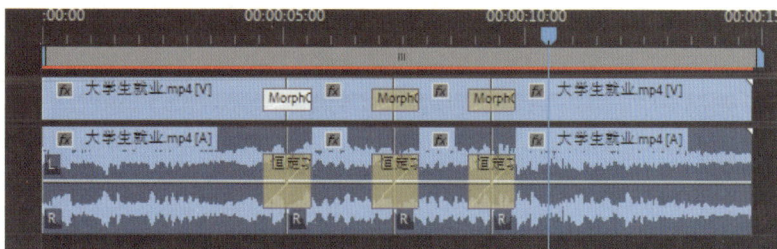

图 4-1-46　添加 MorphCut 转场效果

调整 MorphCut 转场长度后，电脑会在后台自动分析，根据画面的内容，在镜头衔接位置自动融解形成一个自然过渡的画面效果，如图 4-1-47 所示。

图 4-1-47　MorphCut 转场画面效果

MorphCut 转场非常适合处理因为视频切换产生的画面过渡侧动跳跃现象。添加 MorphCut 转场的画面，画面质量会有明显的改变，画面过渡流畅，降低了画面的侧动跳跃感。

(三)同位和串位切换

1. 同位剪辑

Premiere Pro CC 中音频和视频画面默认为连接状态。剪辑时声音和画面同时切换，便于声音和画面的连贯，剪辑效果真实，这种剪辑称为同位(平行)剪辑。这是人物对话剪辑中常用的方法。

2. 串位剪辑

有时为了达到某种效果，强调上下镜头的呼应：前一个画面中的声音，切到下一个画面时依然存在；前一个画面没结束，就听到后边画面对应的声音。这种剪辑明快、流畅，是串位(交错)剪辑，在新闻、纪录片中经常看到。

(1)J-Cut 剪辑

J-Cut 剪辑中，在剪辑两段音视频时，将第二段音视频片段的音频部分往前(向左)拖出一部分，声音先挤入第一段视频的尾部，让观众还在看第一段画面时就听到了第二段画面的声音，音频引导后面视频的出现。采访声音先入，然后采访人画面跟入；或者环境声音先入，然后画面跟入，声音片段和视频片段叠合在一起，音画错位形成 J 的形状，这就是 J-Cut 剪辑，是一种声画串位的剪辑衔接方式。

导入"主持人采访和学生走出校门"素材，将其拖到时间线轨道，J-Cut 剪辑状态下的时间线布局如图 4-1-48 所示。

图 4-1-48　J-Cut 剪辑状态下的时间线布局

按住 Alt 键不放，使用滚动工具 拖动主持人素材的声音部分向左移动 2 秒，产生音视频错落状态，将主持人采访音频挤入学生视频的后部位置，如图 4-1-49 所示。也就是说主持人采访的声音提前进入学生的画面，在学生画面还存在时已经听到主持人的声音了，然后带出主持人画面。

图 4-1-49　使用 J-Cut 剪辑处理素材

经过 J-Cut 剪辑处理后的两段视频：第一段视频是学生走出学校大门的画面，第二段视频是出镜记者采访的画面，如图 4-1-50 所示。

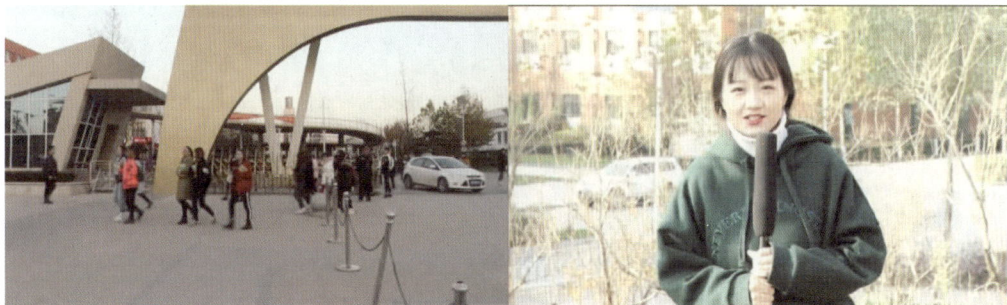

图 4-1-50　学生走出学校大门和出镜记者采访画面

（2）L-Cut 剪辑

L-Cut 剪辑中，在剪辑两段音视频时，当第一段视频画面的尾部被剪掉后，画面消失了，声音部分依然存在。或者说声音还没有结束的时候，视频切到了其他的地方或切换为其他视频画面了。新切换的视频片段和持续存在的声音形成一个 L 的形状。当声音在前一个画面出现，切到下一个画面它们依然在持续时，思维的连贯性会使我们认为这些画面属于一个整体，会倾向于在同一个时空去理解。

导入"出镜记者"和"影视艺术学院"素材，将其拖到时间线轨道，L-Cut 剪辑状态下的时间线布局如图 4-1-51 所示。

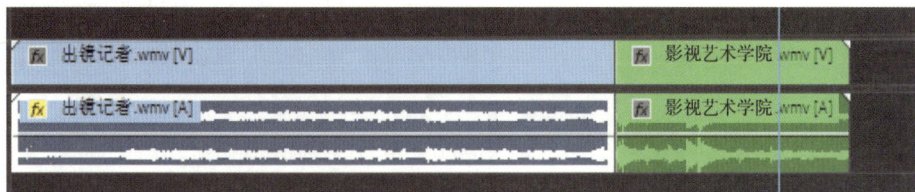

图 4-1-51　L-Cut 剪辑状态下的时间线布局

按住 Alt 键不放，使用滚动工具 拖动出镜记者音轨的声音部分向右移动 4 秒，使出镜记者的声音继续进入影视艺术学院画面的位置，使其与对话内容相关的画面提前出现，如图 4-1-52 所示。出镜记者讲话声音还在继续时，记者人物视频画面已被影视艺术学院视频画面替换，声音延续一段时间，这样视觉转换自然顺畅。

图 4-1-52　使用 L-Cut 剪辑处理素材

经过 L-Cut 剪辑处理后的两段视频：第一段视频是出镜记者画面，第二段视频是影视艺术学院画面，如图 4-1-53 所示。

图 4-1-53　出镜记者和影视艺术学院画面

无论是同位剪辑或串位剪辑，需要考虑的是采访意义的完整性，应该以声音完整表达画面内容为目标，在声音表述完整连贯的基础上进行相应的画面处理。

（四）多机位采访的剪辑

多台摄像机拍摄的采访视频，视觉画面丰富，避免了单机位拍摄产生的视觉单一和画面缺失，后期剪辑方便灵活。用两个机位时，一般一个机位保证画面主体采访的内容，另一个机位小景别用于人物的心理细腻表现。使用多机位剪辑，可以掩盖采访时的语句错误，使断续的采访变得自然顺畅。

1. 导入素材

这是介绍学生考研的一段三机位拍摄素材，适合作为多机位剪辑的教学案例使用。导入素材，把三机位考研"主机位""主持人""嘉宾"音视频素材导入"项目"面板，如图 4-1-54 所示。

图 4-1-54　将素材导入"项目"面板

2. 创建多机位序列

在"项目"面板框选全部素材，用鼠标右键单击，在弹出的菜单中选择"创建多机位源序列"命令，如图 4-1-55 所示。

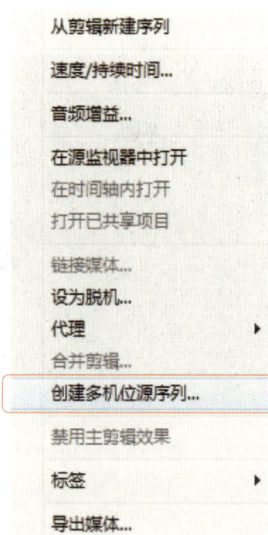

图 4-1-55　选择"创建多机位源序列"命令

打开"创建多机位源序列"对话框，如图 4-1-56 所示。

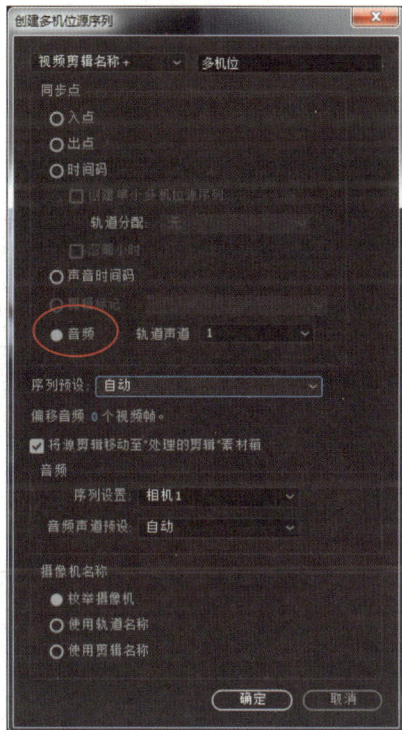

图 4-1-56　打开"创建多机位源序列"对话框

在"创建多机位源序列"对话框选择同步选项为音频后，电脑会自动分析音频信号，将所有素材以音频起始位置为准排列对齐，保证三个机位拍摄素材声音的一致性并组成新的序列。修改重命名之后，点击"确定"，这时我们会看到"项目"面板那里多了一个序列；而且"项目"面板上的多机位素材也会自动打包，如图4-1-57所示。

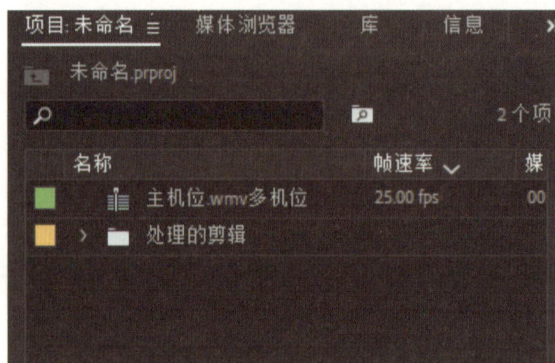

图 4-1-57　多机位素材自动打包

创建多机位剪辑序列后，把素材拖动到时间线轨道上，如图4-1-58所示。

图 4-1-58　把素材拖动到时间线轨道上

3. 开启多机位剪辑窗口

这时多机位剪辑窗口并没有打开，画面显示如图4-1-59所示。

图 4-1-59　多机位剪辑窗口开启画面

如要打开多机位窗口，左击"节目监视器"面板右下角的"＋"。在对话框里，选择"多机位视图"按钮，按住鼠标左键，将其拖到按钮栏里，点击"确定"。以后在按钮栏里随时开关多机位剪辑窗口，如图4-1-60所示。

图 4-1-60　添加"多机位视图"按钮

也可以点击"节目"面板右下角的设置按钮 ，展开对话框，选择"多机位"，如图 4-1-61 所示。

图 4-1-61　选择"多机位"

多机位剪辑窗口激活后，面板画面分布如图 4-1-62 所示。

图 4-1-62　多机位剪辑窗口激活后的画面分布

4. 进行多机位剪辑

多机位剪辑窗口分为两个部分：左侧为多摄像机待剪辑的对应机位的多幅小画面同步素材，可同时浏览每个机位素材的播放内容；右侧为剪辑监视窗口，可观看剪辑过程和剪辑结果。在摄像机播放预览时，黄色边框为预览显示，红色边框为记录模式。单击"播放—停止切换" ▶ 箭头按钮，开始录制。在录制过程中，使用鼠标点击选择左侧待剪辑的任意一个小画面后，所选画面变为红色框，表示为当前被剪辑录制画面。可以边监视画面，边选择需要的机位画面；也可以按画面排列顺序，使用数字键来选择画面。录制完毕点击"播放—停止切换"按钮，停止剪辑。

多摄像机完成剪辑后，被剪辑的素材会自动排列在时间线轨道上，如图 4-1-63 所示。

图 4-1-63　多摄像机完成剪辑

5. 精剪修整

可以使用"工具栏"的编辑工具修改相邻素材的时间长度、切点、位置，进行精确调整，如图 4-1-64 所示。可以在多机位剪辑的基础上，根据要求添加背景素材和背景音乐。

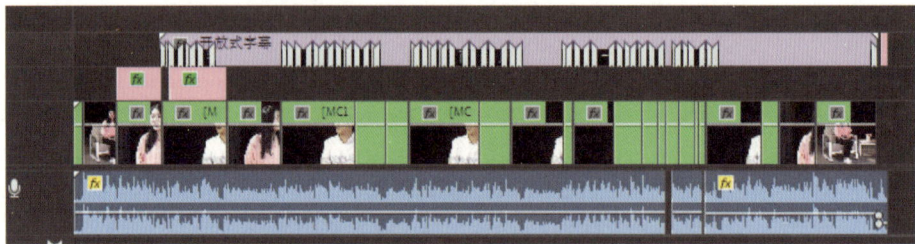

图 4-1-64　对素材进行精确调整

（五）标记素材内容，管理采访类视频

Premiere Pro CC 中的标记功能在采访素材的剪辑整理过程中是非常有用的。标记功能可以帮我们方便识别素材的内容，节省反复查看素材的时间，特别适合复杂和素材量多的音视频剪辑。

1. 为素材设置标记

在"源监视器"窗口设置素材的标记点：在"源监视器"窗口中选中要设置标记的素材，拖动"源监视器"窗口时间线指针到需要设置标记的位置，点击"源监视器"窗口标

记 ⬇ 按钮直接为素材添加标记，使用快捷键 M 可快速建立标记。建立标记后，在"源监视器"窗口可以看到新添加的标记，如图 4-1-65 所示。

图 4-1-65　在"源监视器"窗口新添加的标记

"源监视器"窗口添加的标记，在时间线轨道素材上的对应位置也会显示出同样的标记。时间线轨道素材上的标记与"源监视器"窗口添加的标记是完全对应的，移动或删除"源监视器"窗口的标记，时间线轨道素材上的标记同样被移动或者删除，如图 4-1-66 所示。

图 4-1-66　时间线轨道素材标记

2. 对齐标记

使用标记对齐容易将声音的节点与画面匹配，将音频素材对齐，对位需要找的素材，使剪辑更清晰和便捷。

需要时间线指针对齐标记时，按住 Shift 键，拖动时间线指针左右迅速移动，可准确吸附到标记的位置，显示对齐。

用户可以利用标记在素材与素材或者素材与时间标尺之间进行对齐。"时间线"面板上的"吸附"功能被选中（默认），则"时间线"面板上的素材在标记的有限范围内移动时，会出现提示线，提示素材已经靠齐标记，会停留在指定编号的标记点上，如图 4-1-67 所示。

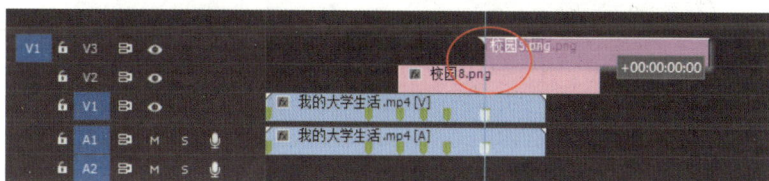

图 4-1-67　素材对齐标记

3. 删除标记

如果要删除某个标记，在该标记上单击鼠标右键，在弹出的快捷菜单中执行"清除所选的标记"命令，即可删除该标记点。如果要删除标尺上的全部标记，执行"清除所有标记"命令，即可删除标尺上所设置的全部标记，如图 4-1-68 所示。

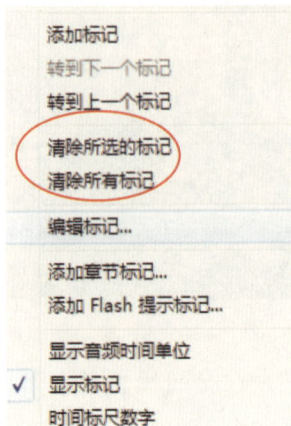

图 4-1-68　删除标记点

4. 使用标记帮助快速识别素材内容

下面使用广播电视学专业学生的一部纪录片《西藏支教》中的素材，以支教老师的采访为例，建立了标记。

(1)添加素材标记

在"项目"窗口中双击"西藏支教"采访素材，使其在"源监视器"窗口中显示。找到素材中采访的第一句话"应该去西藏看看，体验一下那里的生活"起始处，按 M 键，设置标记点，如图 4-1-69 所示。

图 4-1-69　为素材添加标记

（2）拆分标记范围

按住 Alt 键，用鼠标左键按住标记点往右拖动，在该句话的结尾处松开鼠标，可以拆分并拉长这个标记，如图 4-1-70 所示。

图 4-1-70　拆分并拉长标记

（3）记录标记的内容

用鼠标双击标记处，会弹出标记设置面板，可以为标记添加名称，记录标记的内容，注释标记的描述，选择标记的颜色，确定类型等。比如，名称中填写："应该去西藏看看，体验一下那里的生活"；注释中填写："西藏支教第一个问题"，如图 4-1-71 所示。

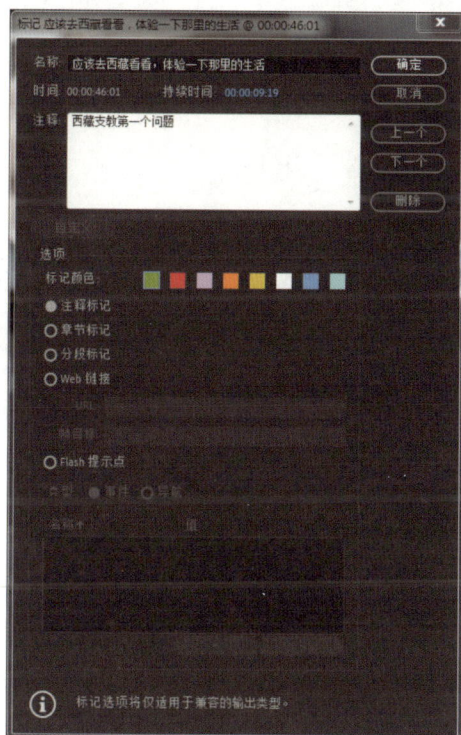

图 4-1-71　设置标记的内容

设置完成后，我们可以在素材上看到打入的标记内容，如图 4-1-72 所示。

图 4-1-72　显示素材标记内容

继续浏览和监听，在听到"比想象中的好，天更蓝，白云特别多"时，按 M 键，设置第二个标记。拆分和拉长这个标记到"白云特别多"时，用鼠标左键双击标记，在标记"设置"面板上输入"比想象中的好，天更蓝，白云特别多"，如图 4-1-73 所示。

图 4-1-73　显示第二个标记内容

以此方法逐一完成整段采访内容的标记，如图 4-1-74 所示。

图 4-1-74　完成采访的内容标记

（4）标记面板上检索标记

在完成素材的标记后，在"项目"面板上选择"标记"命令，如图 4-1-75 所示。

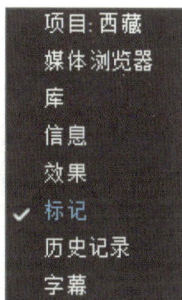

图 4-1-75　选择"标记"命令

打开"标记"面板，在"标记"面板上可以看到所选素材的全部标记内容；在"标记"面板上也可以进行标记内容的检索，如图 4-1-76 所示。

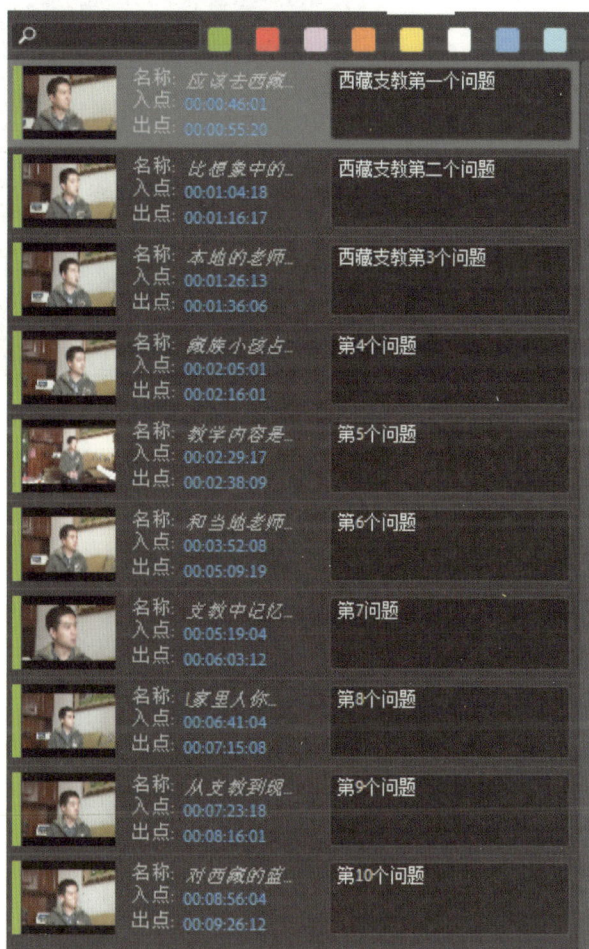

图 4-1-76　检索标记内容

（5）导出标记文件

当标记设置完成后，执行"文件"→"导出"→"标记"命令，如图 4-1-77 所示。

图 4-1-77　选择标记输出命令

在弹出的"导出标记"对话框中，在文件类型栏选择"逗号分割值（＊.csv）"，设置好输出路径与文件名，单击"确定"，可以导出 csv 标记文件，如图 4-1-78 所示。

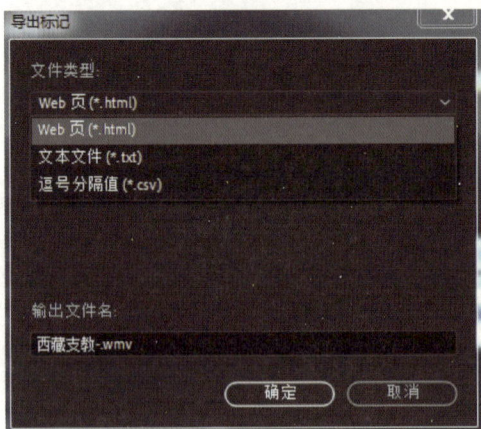

图 4-1-78　"导出标记"对话框

(6)编辑标记文本

“＊.csv”文件是可以在 Excel 软件中打开并进行编辑的文件形式。导出的“＊.csv”标记文档，记录了标记处注明的详细内容，以及这个标记的入点和出点时间数值，可以在 Excel 中编辑和修改，如图 4-1-79 所示。

A9 家里人你去对去西藏支教的态度

	A	B	C	D	E	F
1	标记名称	描述	入点	出点	持续时间	标记类:
2	应该去西藏看看，体验一下那里的生活		00:00:46:	00:00:55:	00:00:09:	注释
3	比想象中的好，天更蓝，白云特别多		00:01:04:	00:01:12:	00:00:08:	注释
4	本地的老师特别欢迎这些刚毕业的大学		00:01:26:	00:01:36:	00:00:09:	注释
5	藏族小孩占绝大部分，也有汉族班		00:02:05:	00:02:16:	00:00:11:	注释
6	教学内容是一样的		00:02:29:	00:02:38:	00:00:08:	注释
7	和当地老师和同学相处很融洽		00:03:52:	00:05:09:	00:01:17:	注释
8	支教中记忆犹新的事		00:05:19:	00:06:03:	00:00:44:	注释
9	家里人你去对去西藏支教的态度		00:06:41:	00:07:15:	00:00:34:	注释
10	从支教到现在，有什么变化		00:07:23:	00:08:16:	00:00:52:	注释
11	对西藏的蓝天白云特别想往。从小有一		00:08:56:	00:09:26:	00:00:30:	注释

图 4-1-79　在 Excel 文件中修改标记内容

(7)发送 html 网页标记文件

在弹出的“导出标记”对话框中，在文件类型栏选择“Web 页(＊.html)”，设置好输出路径与文件名，单击“确定”，导出 html 网页文件，可以根据需要发送到网络上，如图 4-1-80 所示。

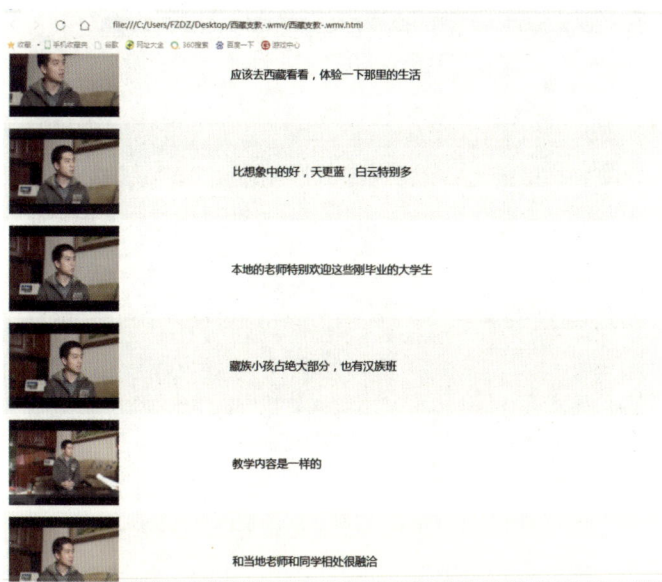

图 4-1-80　在 html 文件中展示标记内容

设置标记内容，会花费一些时间。磨刀不误砍柴工，在剪辑时通过标记可快速方便了解采访素材的内容，节约更多的时间，使剪辑更加便捷。

二、采访类视频剪辑案例

这是河北传媒学院新闻传播学院播音系学生在校园进行的一个采访，是一个单机位采访的课下作业。采访的选题是"情侣吵架的理由"。此次拍摄采访了13位学生，采访内容生动、有趣、有内涵。

我们准备采用碎片方法剪辑素材。剪辑分为三个主题，围绕主题碎化每个人物的采访，选择与主题相关的片段。碎片剪辑把素材无序分割成若干段，或者把镜头分成若干部分，接到片子中，重新定义镜头组接的时空关系，没有固定先后排序，逻辑关系遵循"情侣吵架的理由"的逻辑叙事。

(一)预览素材，标记素材内容

打开 Premiere Pro CC，导入全部采访素材，如图4-2-1所示。

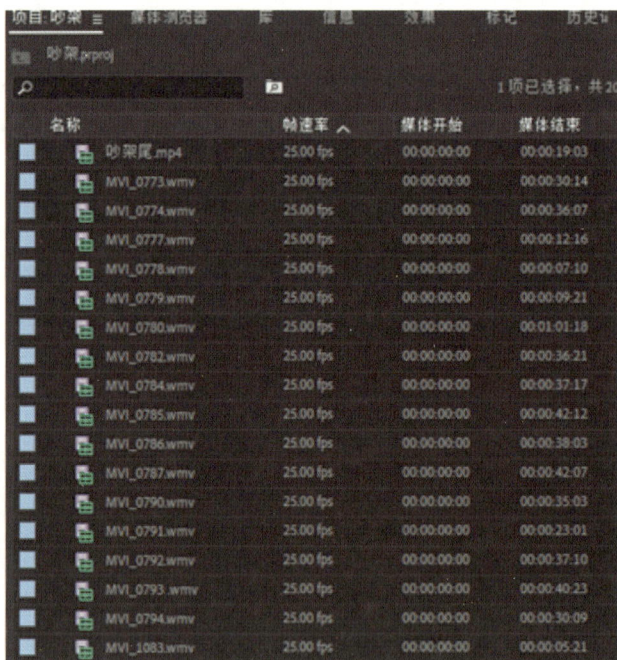

图4-2-1　导入采访素材

双击选中的采访素材，在"源监视器"窗口观看素材，浏览素材内容。按照剪辑策划分别对素材内容建立标记，标记谈话内容、位置、长度，如图4-2-2所示。

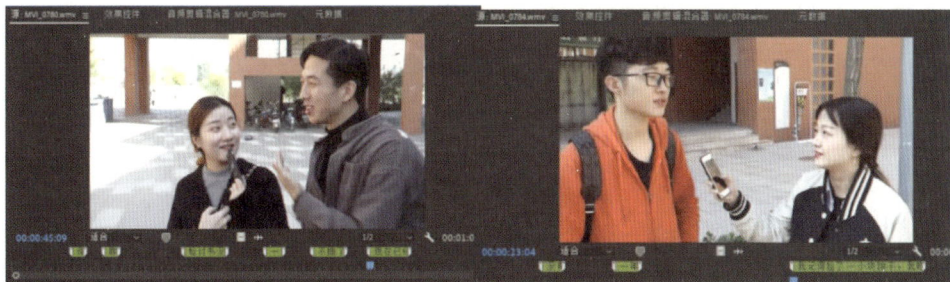

图 4-2-2　对素材内容建立标记

图 4-2-3 是为第一段素材建立的标记，打开标记窗口，可以浏览这段拍摄素材的标记内容、位置、长度。

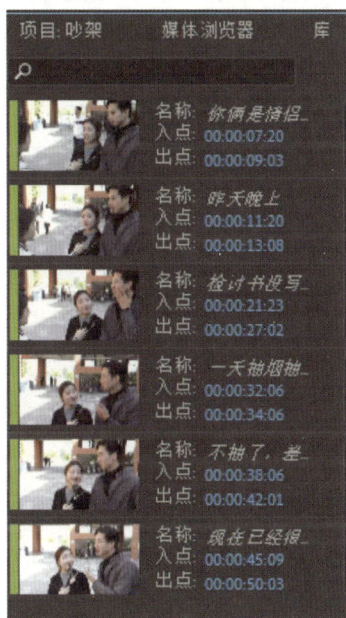

图 4-2-3　为第一段素材建立的标记

也可以导出标记，在 Excel 文件中分析更改标记内容，了解剪辑点的时间位置，如图 4-2-4 所示。

A1　　fx　标记名称

	A	B	C	D	E	F
1	标记名称	描述	入点	出点	持续时间	标记类型
2	你俩是情侣吗		00:00:07:	00:00:09:	00:00:01:	注释
3	昨天晚上		00:00:11:	00:00:13:	00:00:01:	注释
4	检讨书没写；一天抽烟抽六根		00:00:21:	00:00:27:	00:00:05:	注释
5	一天抽烟抽六根		00:00:32:	00:00:34:	00:00:02:	注释
6	不抽了，差不多，太不给我面子了		00:00:38:	00:00:42:	00:00:03:	注释
7	现在已经很有效率减少我的抽烟了		00:00:45:	00:00:50:	00:00:04:	注释

图 4-2-4　在 Excel 文件中分析更改标记内容

依次继续双击第二段采访素材，在"源监视器"窗口观看素材，浏览素材内容，按照剪辑策划对素材内容建立标记，依此方法直至完成全部采访素材的标记。

(二)精简记者的采访声

1. 导入素材

用鼠标左键拖动"出镜记者"视频到"时间线"面板，如图4-2-5所示。

图 4-2-5　将视频素材导入"时间线"面板

2. 剔除语音缺陷之处

采访人的出镜形象和采访内容很好，但采访者在采访中存在"那么嗯，我们今天要说的那就是""所以，啊"等口头禅，听起来有些别扭。下面的剪辑就是要找出它们的位置，进行剪切，以剔除语音缺陷之处，如图4-2-6所示。

图 4-2-6　剔除语音缺陷之处

寻找采访中有效的内容，剪切掉不需要的声音，可以看到做了几段细小的剪切，如图4-2-7所示。

图 4-2-7　剪切不需要的声音

然后用波纹删除工具删除语音缺陷之处，如图4-2-8所示。

波纹删除

图 4-2-8　用波纹删除工具删除语音缺陷之处

把有效声音片段素材重新连接起来，如图 4-2-9 所示。

图 4-2-9 连接剪断的素材

这段采访素材一共 25 分 13 秒，精简为 20 分 3 秒。

3. 修饰剪辑点

因为是单机位剪辑，剪辑后的音频衔接处听起来有些生硬，使用恒定功率的淡入和淡出转场进行声音剪切点的过渡，使声音过渡有所好转；同时发现在视频画面剪辑位置有明显的侧移跳跃现象，打开视频过渡效果，使用 MorphCut 转场进行修饰，添加 MorphCut 转场后，侧移跳跃现象有了明显改善，如图 4-2-10 所示。

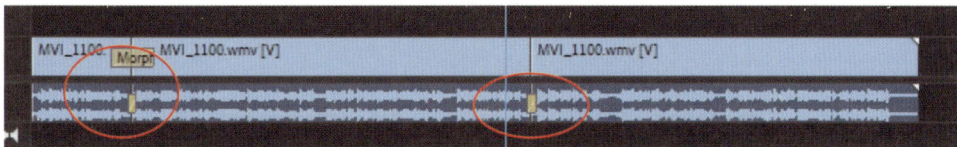

图 4-2-10 添加 MorphCut 转场

视频画面的第二个剪辑点中，主持人的动作范围太大了，使用 MorphCut 转场修饰效果不佳。因此在这个剪辑衔接处，选择添加背景画面掩盖侧移跳跃现象。

在采访者视频画面不佳时保留采访人的声音，使用与采访内容相关的其他视频画面或背景画面替换不好的画面，进行掩饰。这在采访剪辑中经常使用。

选择一对情侣背对我们的视频画面（画面符合剪辑内容），将其拖动到采访素材的上一轨，在第二个剪辑点位置掩盖那个剪辑点，如图 4-2-11 所示。

图 4-2-11 用视频画面掩盖剪辑点

完成画面修饰后的效果看起来自然流畅，如图 4-2-12 所示。

剪辑时也可以先把采访音频转录成文字，对文字采访稿进行整理，标记有用的内容，去除多余的部分，剪辑时会更精确。

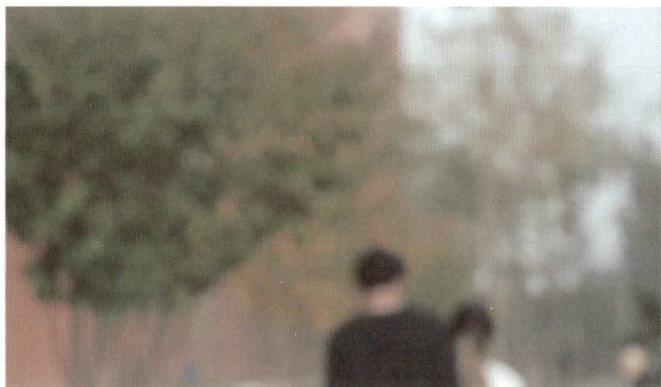

图 4-2-12　完成修饰的背景画面

4. 建立嵌套

当需要剪辑的视频很多时，利用嵌套序列的方法可以很好地梳理影片，简化时间线，精简制作过程，提高剪辑效率。嵌套后的序列会在"项目"面板排列，剪辑时可以像使用素材那样将其拖动到"时间线"面板使用。

框选时间线上的全部素材，在弹出的菜单中选择"嵌套"命令，对这组素材进行嵌套，准备后期剪辑时使用，如图 4-2-13 所示。

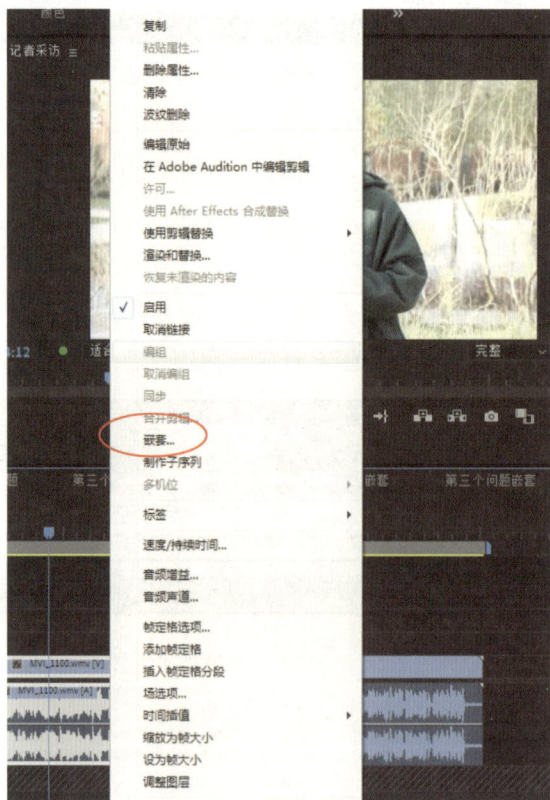

图 4-2-13　选择"嵌套"命令

(三)组织剪辑

采访拍摄时，记者对每位学生分别提出了三个问题：第一个问题"你有对象吗"；第二个问题"最近一次吵架在什么时间"；第三个问题"吵架的理由是什么"。按照这个片子的结构顺序，先把 13 个采访中的第一个问题剪辑出来，然后剪出第二个问题，最后剪出第三个问题。

按照问题的顺序归纳每位学生的采访内容，在衔接每位学生的采访内容时要避免问题的一致性，要有起伏，考虑语速、男女同学的搭配、衔接的合理因素等，使衔接自然顺畅。如第一个问题的衔接顺序是"现在有对象吗？""有有""嗯，有""啊，有""现在没有""没有""有""现在没有""没有"；"你们俩是情侣吗？""嗯，是"；"你们有男朋友吗？""有，没有""没有""我有"。这样搭接起伏有序，顺畅自然，不死板。

1. 剪辑"第一个问题"采访素材："你有对象吗"

选择采访素材，将其拖入"项目"面板的■新建项标签上，根据素材的分辨率建立一个新的序列，命名为"第一个问题"，如图 4-2-14 所示。

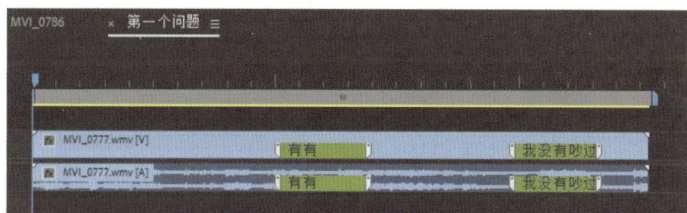

图 4-2-14　建立"第一个问题"的序列

双击第一段素材，打开"源监视器"窗口，参照素材标记，调整入点和出点，剪出男生的回答"有有"，如图 4-2-15 所示。

图 4-2-15　用源监视器剪辑"第一个问题"第一段素材

剪辑好的素材，在"时间线"面板会对应显示，如图 4-2-16 所示。

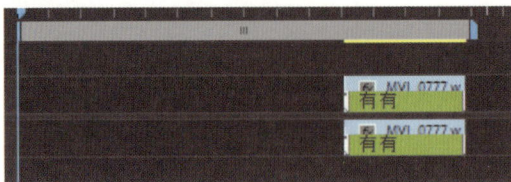

图 4-2-16　"时间线"面板上显示剪辑好的素材

在"时间线"面板上，把剪辑好的素材对齐"时间线"面板的起始位置，如图 4-2-17 所示。

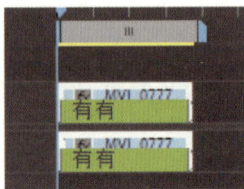

图 4-2-17　将素材与起始位置对齐

在"项目"面板上，双击下一段素材，参照标记选择这段采访的回答"没有"，给出入点和出点，选择插入 或覆盖 命令，如图 4-2-18 所示。

图 4-2-18　用源监视器剪辑"第一个问题"第二段素材

把剪辑好的素材添加到"时间线"面板上，如图 4-2-19 所示。

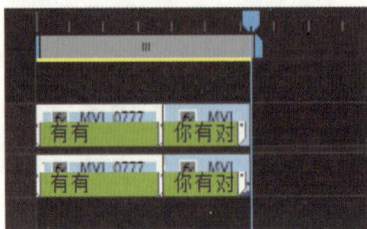

图 4-2-19　将素材添加到"时间线"面板上

用此方法依次剪辑，最后完成剪辑，"时间线"面板上显示第一次剪辑结果，如图
4-2-20 所示。

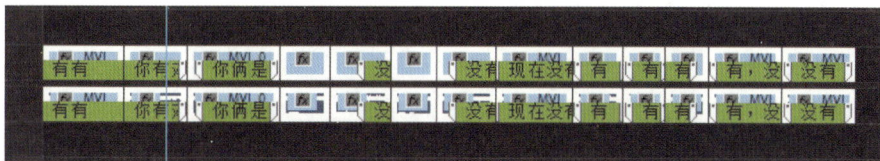

图 4-2-20　"时间线"面板上显示第一次剪辑结果

框选时间线上的全部素材，在弹出的菜单中选择"嵌套"命令，对这组素材进行嵌
套，准备后期剪辑时使用，如图 4-2-21 所示。

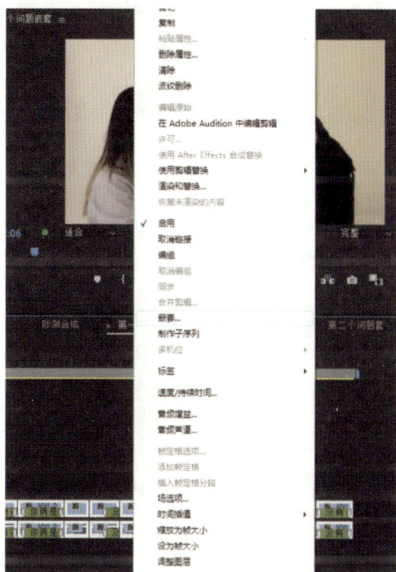

图 4-2-21　嵌套"第一个问题"采访素材

这样就完成"第一个问题"采访素材的剪辑。

2. 剪辑第"二个问题"采访素材："最近一次吵架在什么时间"

任意选择一段素材，将其拖入"项目"面板的新建项标签上，根据素材的分辨率建
立一个新的序列，命名为"第二个问题"，如图 4-2-22 所示。

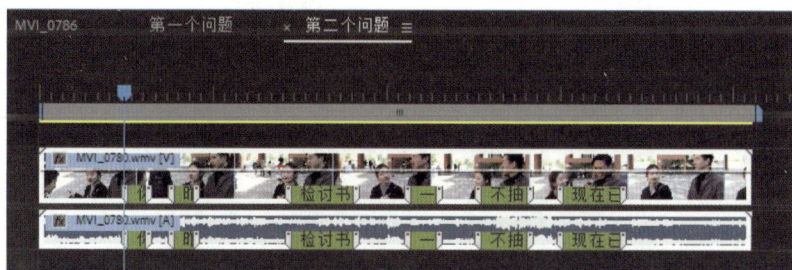

图 4-2-22　建立"第二个问题"的序列

双击第一段素材，打开"源监视器"窗口，参照素材标记，设置对第二个问题的回答"昨天晚上"，调整入点和出点，进行剪辑，如图 4-2-23 所示。

图 4-2-23   用源监视器剪辑"第二个问题"第一段素材

在"时间线"面板上，把剪辑好的素材对齐"时间线"面板的起始位置，如图 4-2-24 所示。

图 4-2-24   再次将素材与起始位置对齐

在"项目"面板上，双击下一段素材，参照标记选择第二个问题的内容"上一次吵架是在什么时候"，给出入点和出点，如图 4-2-25 所示。

图 4-2-25   用源监视器剪辑"第二个问题"第二段素材

选择插入 或覆盖 命令，把剪辑好的素材添加到"时间线"面板上，如图 4-2-26所示。

图 4-2-26　再次将素材添加到"时间线"面板上

用此方法依次剪辑，最后完成剪辑，"时间线"面板上显示第二次剪辑结果，如图 4-2-27 所示。

图 4-2-27　"时间线"面板上显示第二次剪辑结果

框选时间线上的全部素材，在弹出的菜单中选择"嵌套"命令，对这组素材进行嵌套，准备后期剪辑时使用，如图 4-2-28 所示。

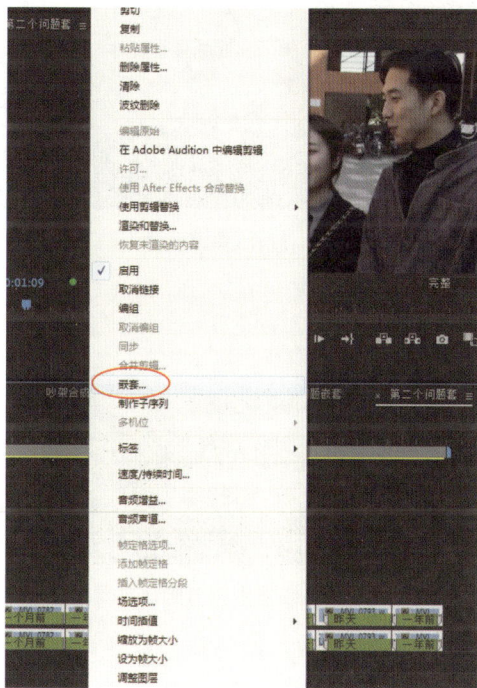

图 4-2-28　嵌套"第二个问题"采访素材

这样就完成"第二个问题"采访素材的剪辑。

3. 剪辑"第三个问题"采访素材："吵架的理由是什么"

任意选择一段素材，将其拖入"项目"面板的▣新建项标签上，根据素材的分辨率建立一个新的序列，命名为"第三个问题"，如图 4-2-29 所示。

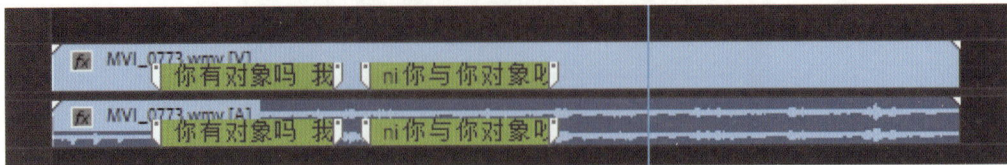

图 4-2-29　建立"第三个问题"的序列

双击选择的素材，打开"源监视器"窗口，参照素材标记，调整入点和出点，进行剪辑，如图 4-2-30 所示。

图 4-2-30　打开"源监视器"窗口

在"时间线"面板上，把剪辑好的素材对齐"时间线"面板的起始位置，如图 4-2-31 所示。

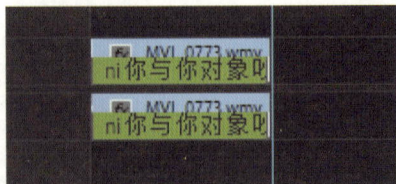

图 4-2-31　继续将素材与起始位置对齐

在"项目"面板上，双击下一段素材，参照标记选择第三个问题的内容"吵架的理由是什么"，给出入点和出点，如图 4-2-32 所示。

图 4-2-32　用源监视器剪辑"第三个问题"第一段素材

选择插入 或覆盖 命令，把剪辑好的素材添加到"时间线"面板上，如图 4-2-33所示。

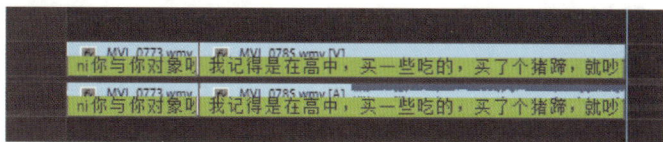

图 4-2-33　继续将素材添加到"时间线"面板上

在"项目"面板上继续选择新素材双击，参照标记选择第三个问题的内容"吵架的理由是什么"，给出入点和出点，如图 4-2-34 所示。

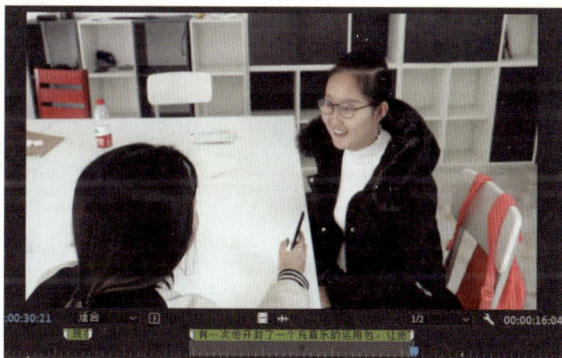

图 4-2-34　用源监视器剪辑"第三个问题"第二段素材

选择插入 或覆盖 命令，把剪辑好的素材添加到"时间线"面板上，如图 4-2-35所示。

图 4-2-35　再一次将素材添加到"时间线"面板上

用此方法依次剪辑，最后完成剪辑，"时间线"面板显示上第三次剪辑结果，如图4-2-36 所示。

图 4-2-36 "时间线"面板上显示第三次剪辑结果

框选时间线上的全部素材，在弹出的菜单中选择"嵌套"命令，对这组素材进行嵌套，准备后期剪辑时使用，如图 4-2-37 所示。

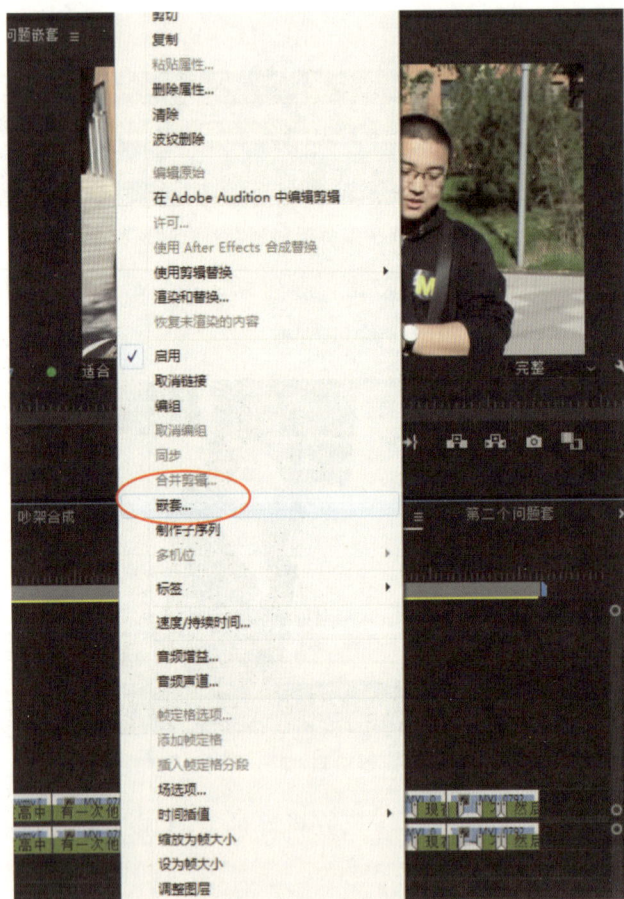

图 4-2-37 嵌套"第三个问题"采访素材

这样完成"第三个问题"采访素材的剪辑。

(四)组织序列合成

为使剪辑的条理清晰，将复杂变得简单，我们可以采用序列嵌套形式剪辑采访素材，在"项目"面板上建立各个子序列，如图 4-2-38 所示。

图 4-2-38　在"项目"面板上建立各个子序列

以视频素材的分辨率大小建立新的序列，命名为"吵架剪辑合成"。分别把各个子序列"吵架记者采访""第一个问题""第二个问题""第三个问题"和"吵架尾"素材拖入"吵架剪辑合成"序列，如图 4-2-39 所示。

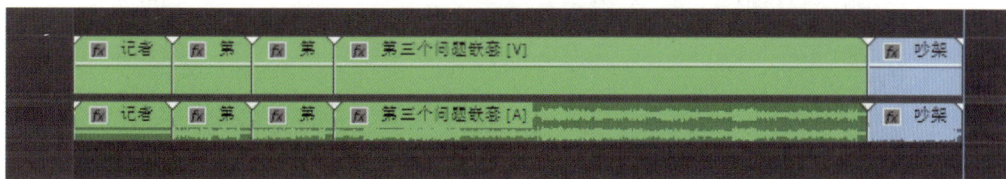

图 4-2-39　对各个子序列嵌套剪辑

(五)精确调整剪辑

双击剪辑合成中需要调整的序列，如"第二个问题"序列，可以直接打开这个序列，并在这个序列中看到原素材的剪辑情况；可以完成对素材的位置调整、剪辑点的移动、位置顺序的调换和内容长短的剪辑，如图 4-2-40 所示。

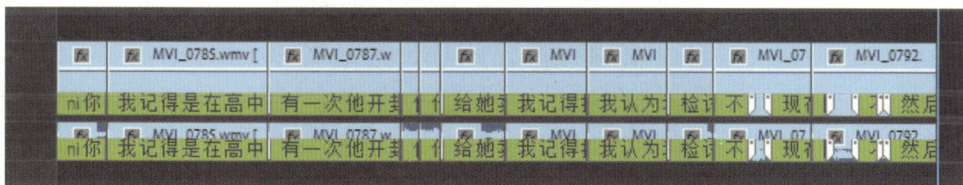

图 4-2-40　对"第二个问题"序列的调整剪辑

(六)添加字幕

1. 创建解说字幕

①为"吵架剪辑合成"添加解说词字幕。执行菜单"新建"→"字幕"命令，如图 4-2-41 所示。

图 4-2-41　创建"字幕"命令

②在弹出的"新建字幕"对话框中，在"标准"选项中选择"开放式字幕"，单击"确定"按钮，如图 4-2-42 所示。

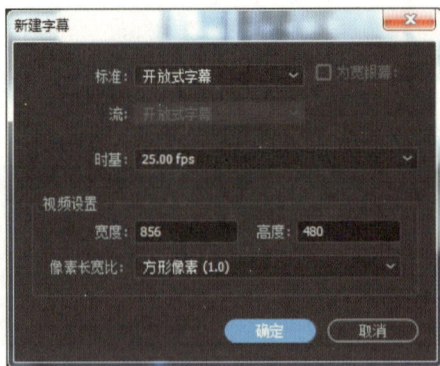

图 4-2-42　"新建字幕"对话框

点击"确定"后，"项目"面板上会显示新建字幕图标，如图 4-2-43 所示。

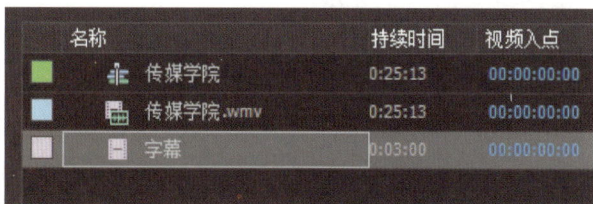

图 4-2-43　"项目"面板上显示新建字幕图标

③双击"项目"面板的字幕图标，打开"字幕"面板，如图 4-2-44 所示。

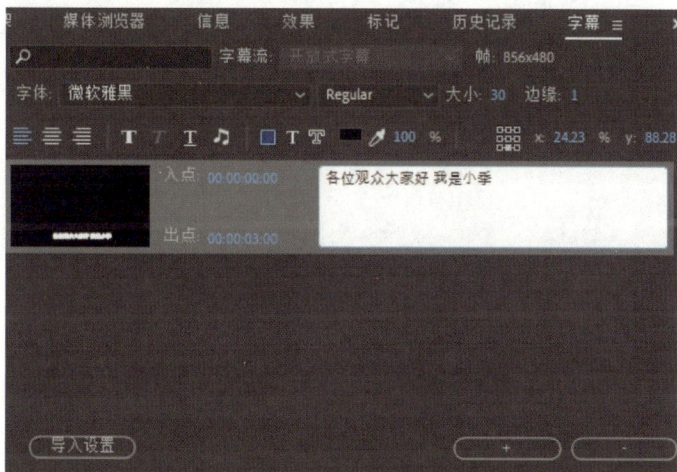

图 4-2-44　打开"字幕"面板

在字幕排列区域，输入字幕文本"各位观众大家好 我是小季"，覆盖替换"在此处键入字幕文本"文字，如图 4-2-45 所示。修改文字大小为 30，白色，字体为微软雅黑，位置为左下部，背景颜色透明度为 0，边缘颜色为黑色，边缘为 1。调整时间线字幕的长度：入点 0 帧，出点 00：00：02：00。点击"字幕"面板下面的添加字幕按钮 ，在原字幕的基础上添加一个新的字幕。输入字幕文本"其实现在很多人不太了解"，调整时间线字幕的长度：入点 00：00：02：06，出点 00：00：04：05。点击"字幕"面板下面的添加字幕按钮 ，添加新的字幕。输入字幕文本"年轻人恋爱相处的方式"，调整时间线字幕的长度：入点 00：00：04：06，出点 00：00：06：11。继续添加新的字幕，输入字幕文本"因为他们毕竟三天一小吵"，调整时间线字幕的长度：入点 00：00：06：11，出点 00：00：08：06。继续添加新的字幕，输入字幕文本"五天一大吵"，调整入点 00：00：08：06，出点 00：00：09：06。再一次添加新的字幕，输入字幕文本"却还甜甜蜜蜜生活在一起"，调整时间线字幕的长度：入点 00：00：09：06，出点 00：00：10：20。按照此方式继续添加字幕，直至完成整个字幕制作。

图 4-2-45　字幕与画面调整匹配

2. 创建片头字幕

①导入视频文件"学生出校门"作为片头字幕背景画面，如图 4-2-46 所示。

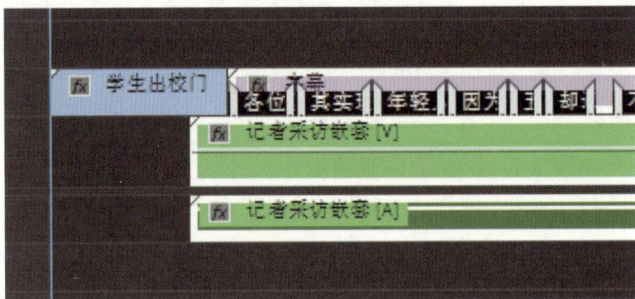

图 4-2-46　片头字幕背景布局

②在"工具"面板上选择"文字工具"图标，如图 4-2-47 所示。

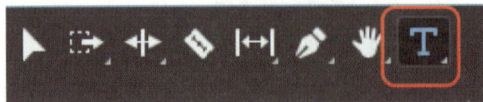

图 4-2-47　"文字工具"图标

　　使用文字工具在"节目监视器"窗口校园画面上单击，输入"情侣吵架的理由"文字，创建标题字幕，如图 4-2-48 所示。

图 4-2-48　创建标题字幕

③创建的标题字幕会自动出现在时间线指针位置，调整字幕的长度，与背景视频对齐，如图 4-2-49 所示。

图 4-2-49　调整字幕的长度

④在"效果控件"面板上，调整文字属性，选择字体：方正胖娃字体，大小 66 等。文字参数调整如图 4-2-50 所示。

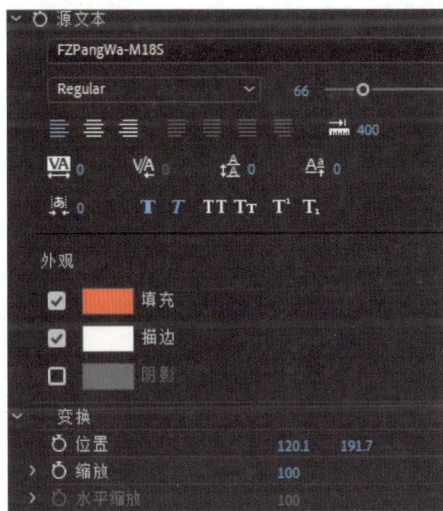

图 4-2-50　文字参数调整

⑤使用钢笔工具，在"时间线"面板文字的透明度关键帧控制线上建立透明度关键帧，调整关键帧，设置文字的淡入淡出效果，如图4-2-51所示。

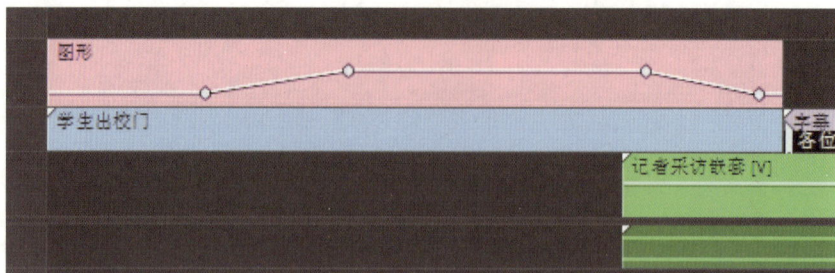

图 4-2-51　设置文字的淡入淡出效果

用鼠标右键点击关键帧，选择"贝塞尔曲线"选项，确定关键帧曲线为缓入或缓出柔和过渡效果，如图4-2-52所示。

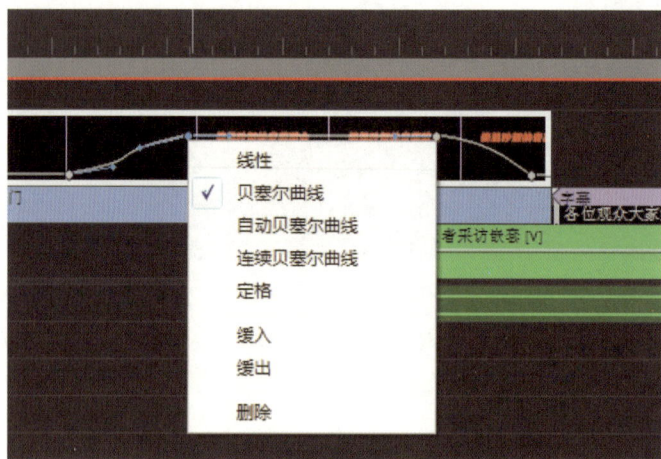

图 4-2-52　选择"贝塞尔曲线"选项

(七)添加背景音乐

选择一段适合的音乐，将其拖动到时间线的起始位置，在字幕片头结束时剪断，如图4-2-53所示。

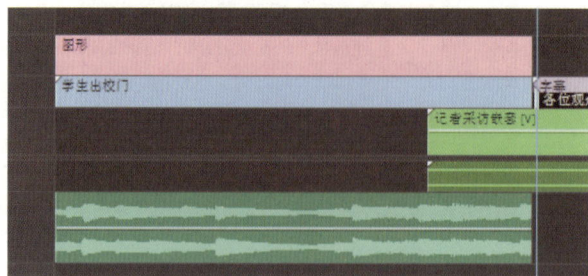

图 4-2-53　添加背景音乐

打开音量控制线，建立关键帧，制作声音的淡入淡出效果，如图 4-2-54 所示。

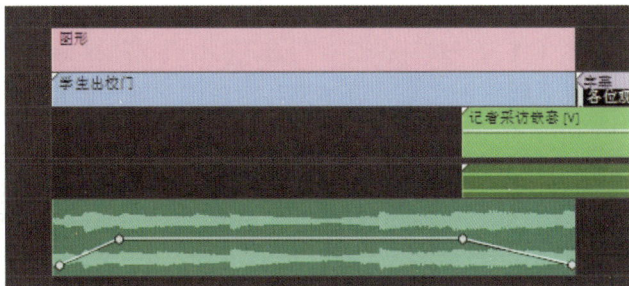

图 4-2-54　制作声音的淡入淡出效果

(八)渲染输出视频

1. 画面渲染

剪辑过程中往往会出现播放停滞或断续情况，需要对播放停滞段落进行渲染，以保证播放的流畅性。打开"渲染进度"对话框，确定渲染范围，按回车键，即可进行渲染，如图 4-2-55 所示。

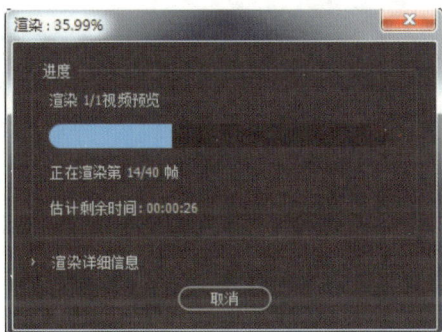

图 4-2-55　"渲染进度"对话框

画面渲染结束后，系统会自动播放渲染的片段，如图 4-2-56 所示。在"时间线"面板上，所渲染的部分会由红色线变为绿色线，表示当前为实时播放。

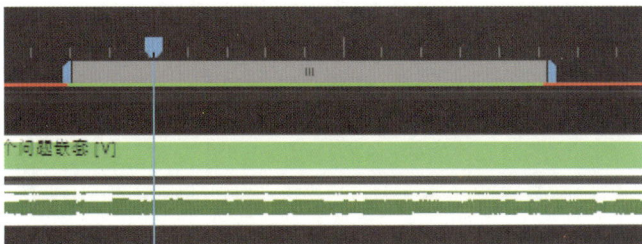

图 4-2-56　画面渲染结束

2. 输出设置

剪辑全部完成后，需要把剪辑的结果输出为需要的文件格式。

选择"文件"→"导出"→"媒体"命令，或使用 Ctrl＋M 快捷键，打开"导出设置"面板，如图 4-2-57 所示。在"导出设置"面板，从"格式"下拉菜单中，选择"H.264"选项；在"输入名称"处，命名文件为"吵架合成"；勾选"导出视频""导出音频"前面的复选框；在"视频"选项，依据视频数据的大小，调整比特率设置，确定影片品质。

图 4-2-57 "导出设置"面板

点击"导出"按钮即可导出命名为"吵架合成"的 mp4 格式文件。

第五章　短视频剪辑

一、短视频的特征和类型

随着传播方式的变化，新型媒体不断蓬勃发展壮大，短视频快速占领了传播的制高点并迅速发展成互联网的社交平台和入口之一。本章将从短视频的概念和特征、类型等方面对短视频进行介绍。

(一)短视频的概念和特征

传播平台在搭建上的算法各异，也就导致了对于短视频的创作也是千差万别、五花八门的。但是从传播学的角度来看，具有消费性与传播碎片化特征，并且具有极强的互动性和社交性的视频可以称作短视频。

短视频具有如下特征。

①长度上：长度基本保持在5分钟以内。短视频因其时间长度短，充分让受众利用碎片化时间进行浏览和分享，这样就使其具备了传播潜力。

②内容上：整个视频内容的节奏比较快，充实、紧凑。将一些高深、枯燥的知识用显性化的方式传播给大众，不仅丰富了知识的层次和脉络，更拓展了知识的传播范围，加深了传播的广度和深度。

③消费上：短视频的发布者和消费者形成互动，可以推销和购买，这是传统的电视广告所不具备的重要优势。

④摄制上：利用一些手机自带软件就可完成短视频从拍摄到剪辑再到上传的全部流程。创作门槛的降低，激发了大众的参与热情，迎合了"生活到处是舞台，每个人都是生活的导演"这一受众时代传播的特征，从而体现了互动性强和社交传播广的特征。

⑤传播上：主要通过网络平台传播。短视频把手机作为传播载体，利用手机移动传播便捷快速的特点，进行高效快速传播。

(二)短视频的类型

1. 按平台类型划分

UGC(User Generated Content 的简称，即用户原创内容)类型平台：它是以抖音、快手等为代表的小视频平台。这类短视频平台的活跃度很高，由于创作门槛较低，因此受众的关注度很高。视频记录的内容大多是有关日常生活或者一些表演类的视频，一般单个视频的时长在 5～60 秒，属于大众生产内容。

PGC(Professional Generated Content 的简称，即专业生产内容)类型平台：它是以西瓜视频为代表的平台。这类平台发布的短视频内容较 UGC 来说提升了一些，以 PGC 为主；在内容创作表达上结构较为完整，故事内容更加丰富，时间长度从 1 分钟到 5 分钟不等。

ACG(Animation，Comics，Games 的首字母缩写，即动画、漫画、游戏)类型平台：它是以 B 站为代表的平台。这类平台发布的短视频，85%以上的都是自主创作的。无论是弹幕还是氛围，都称得上是年轻人群体最大的展示平台。

传统视频平台：主流媒体在融合中发展，快速在自己的平台上建立起短视频板块，如央视媒体和学习强国等一些主流媒体平台。这类短视频在时间上没有限制，但在内容选择和艺术创作等方面要高于其他平台。

2. 按行业类型划分

社交媒体类：社交媒体是属于互动性非常强的一个类型。它以抖音、快手为代表，提倡竖屏展示。抖音以内容玩法为主，平台注重发布一些小程序来引领用户快速上手拍摄，以此吸引用户的参与；快手则是以玩家特色为主，人物自带的内容比较多。虽然两个平台各有特点，但都是属于社交属性比较强的。尤其在 2020 年抖音直播带货成为一大趋势，就是利用了它的这一属性实现的。

资讯媒体类：资讯媒体以聚合 PGC 为主，像西瓜、秒拍的内容偏向于这个方向。但是抖音平台也开始有许多企业和媒体入驻，发布的内容多是以新闻资讯类短视频为主。

BBS(Bulletin Board System 的简称，即网络论坛)类：BBS 类短视频行业最大的特点是聚集了最多的 ACG 用户，这个用户群体代表着国内年轻一代的文化潮流。这个群体创作内容的特点是，用他们理解的网络语言进行自主创作，对时下部分的年轻群体用户吸引力很大。

电商类：短视频接入手机淘宝主搜栏入口，使得短视频在销售领域的权重也在不断加码。近年来，电商纷纷借助各类型平台发布短视频，这些商品类短视频在内容创意上十分大胆，尤其是一些植入式营销类短视频十分受欢迎。

其他一些工具类和 SNS(Social Networking Service 的简称，即社交网络服务)类行业也各具特色，尤其是工具类型的。随着社交媒体内容的快速迭代，平台自带工具的功能跟不上用户的需求，所以对于这个工具行业的需求很大。同时，UGC 用户的激增促使工具行业不断提升能力来满足用户需求。

3. 按内容类型划分

短视频的内容涵盖了各个层面，类型也很多。以垂直类抖音内容为例，可划分为生活、知识资讯、搞笑、影视娱乐、剧情、政务等类型，覆盖了人们生活需求的各个方面。图 5-1-1 为飞瓜数据提供的 2020 年 3 月的抖音内容涨粉排名。

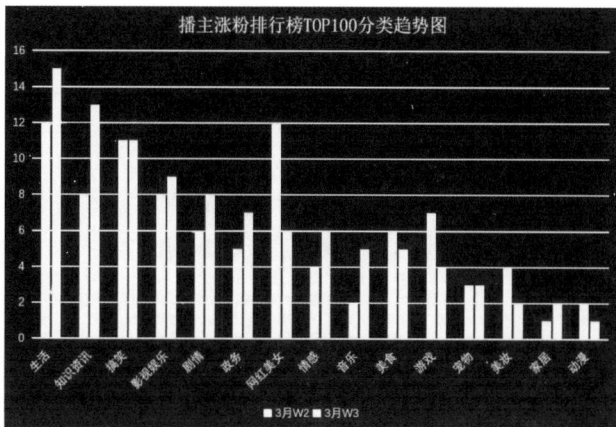

图 5-1-1　2020 年 3 月的抖音内容涨粉排名

二、短视频的剪辑方法

Premiere Pro CC 作为一款非线性视频编辑软件，在短视频编辑中成为一个十分得力的工具。怎样使用 Premiere Pro CC 来创作和编辑短视频，是我们在这个部分要学习的内容。

（一）内容创作的原则

内容创作先要贴合投放的平台类型，然后才考虑内容创意。我们就以一部时长为 2 分 8 秒的系列短视频《青春十年》为例剖析内容创作上需要把握的几个原则。

1. 内容垂直度高的原则

所谓的垂直度是指每个短视频在内容和形式上基本都是一致的。以《青春十年》为例，它是一部系列短视频，内容上每期都是采用一个主题人物以视频网络日志的形式对着镜头自述一段和青春有关的经历。这种垂直度高的内容视频，定位准确，标签鲜明，十分容易受到平台的推广，从而较快速地吸引用户关注和传播。

2. 人群定位准确的原则

人群是针对用户群体的广泛性而言的。抖音的用户群体画像从 6 岁到 70 岁，各个年龄段的人群都有，那么我们创作的内容主要是投放给哪个年龄段的用户观看的，是我们在创作中要考量的。《青春十年》短视频以青春为主线，看似是针对年轻人这个群体的，其实不然。青春这个话题几乎是每个人都曾面对过或者即将面对的，所以更容易引发各个年龄段的受众的共鸣,更利于传播和推广。

3. 话题互动性高的原则

话题的引导性作用非常大,《青春十年》在结尾处抛出了参与性话题"这是我的十年,你呢?"这一话题设定的目的是引导用户的讨论和参与,形成互动。而利用标签和留言以及弹幕这些文字性内容来强化视频内容,则更能迅速地黏合用户,使用户的活跃度增强,进而加速内容的传播和推广甚至转化等。这是新媒体相比传统媒体的一个优势所在。

4. 背景音乐使用的原则

音乐在短视频中的作用十分凸显,一段好的背景音乐有时候会对内容的诠释起到很重要的作用。甚至有些时候,我们的内容需要反过来服务音乐,为音乐配置内容。

(二)画面剪辑

画面剪辑包含视频剪辑和图片剪辑。视频剪辑需要符合叙事逻辑的连贯性和镜头排列的合理性原则;图片剪辑则需要利用一些效果进行组接。下面还以短视频《青春十年》为例,详细解析画面制作步骤。

1. 视频组接

①启动 Premiere Pro CC 软件,在菜单中单击"新建"→"项目"命令,创建项目,如图 5-2-1 所示。

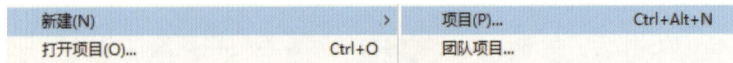

图 5-2-1　创建项目

②弹出"新建项目"对话框,在名称文本框中输入"青春十年",单击"浏览"按钮,设置项目保存位置,然后单击"确定"按钮,如图 5-2-2 所示。

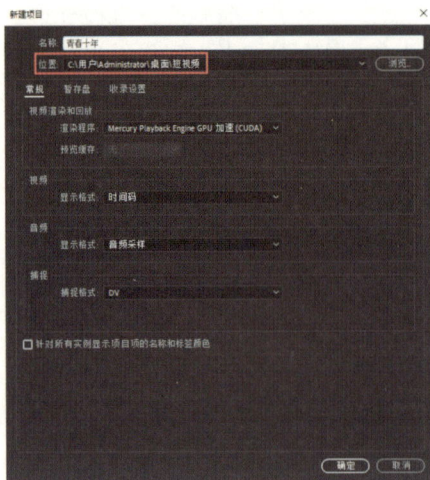

图 5-2-2　"新建项目"对话框

③在项目文件栏中按 Ctrl＋I 组合键或者用鼠标右键点击导入对话框，选择要导入的素材文件，然后单击"打开"按钮，如图 5-2-3 所示。

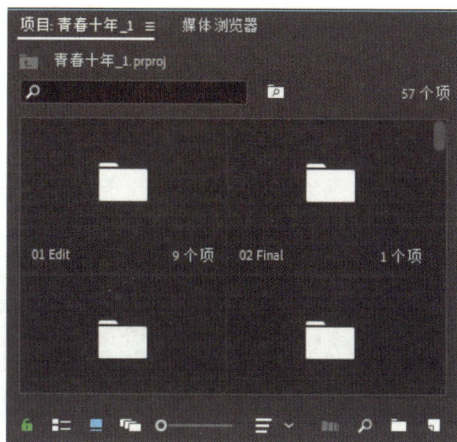

图 5-2-3 导入素材

④将素材文件导入"项目"面板。用鼠标右键单击背景视频素材，在弹出的快捷菜单中选择"从剪辑新建序列"命令，如图 5-2-4 所示。

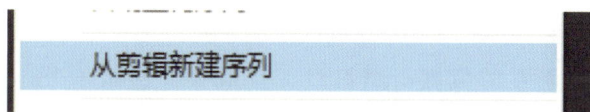

图 5-2-4 选择"从剪辑新建序列"命令

⑤这时软件自动新建一个该视频的序列，并将其保存到"项目"面板，如图 5-2-5 所示。也可以直接将素材拖至"时间线"面板上新建序列。

图 5-2-5 新建视频序列

⑥用鼠标左键按住"口播"素材，直接将其向右下角拖动到"添加序列"图标上。这时时间线视频轨道就显示了这段素材，如图 5-2-6 所示。

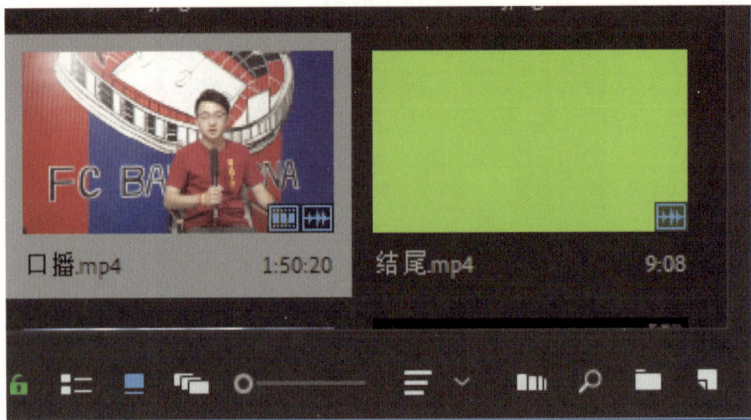

图 5-2-6　添加序列

⑦"时间线"面板上的素材是音视频同步的一段素材，将"时间线"面板上的光标拖动到位于视频轨道 1 的素材上，按 I 键播放视频，播放到需要的位置后按 K 键暂停播放。如果想要更加精准地确定需要的画面，可以通过"＜""＞"方向键执行"向前一帧""向后一帧"来进行调整。按住 Shift＋5 可以拖动 5 帧。

⑧将光标调整到需要的位置，用剃刀工具或者快捷键 C 剪切素材，如图 5-2-7 所示。

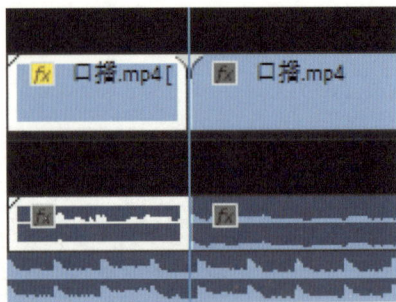

图 5-2-7　剪切素材

⑨删除剪切下来的无效素材，如图 5-2-8 所示。

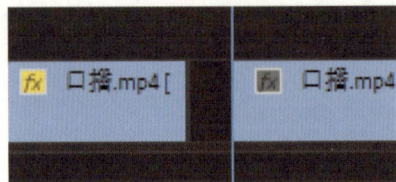

图 5-2-8　删除无效素材

⑩删除之后的空余部分，利用对齐工具，进行一段一段的组接，如图 5-2-9 所示。

图 5-2-9 利用对齐工具组接素材

⑪选择"向前选择"工具或者快捷键 A 对后面空余的素材进行拖动，如图 5-2-10 所示。

图 5-2-10 选择"向前选择"工具

⑫在"项目"面板上找到素材"片头"，双击视频，在源窗口 0 帧标记入点 ，在 00：04：04：00 处标记出点 ，点击下方"插入"按钮，框内所示，将视频自动插入光标所在位置，如图 5-2-11 所示。

图 5-2-11 插入素材"片头"

⑬在"时间线"面板上点击"片头"右键，点击"取消链接"将音视频分离，删除音频，如图 5-2-12 所示。

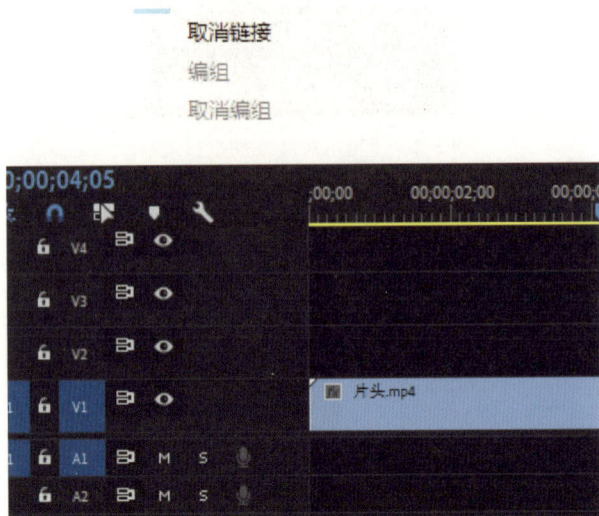

图 5-2-12　点击"取消链接"，删除音频

⑭点击"节目"面板下方的"转到出点（Shift＋O）"键，使光标移动到"口播"的结尾处，如图 5-2-13 所示。

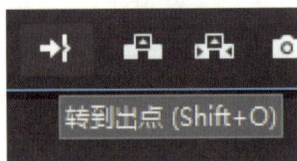

图 5-2-13　转到出点

⑮在"项目"面板上找到素材"结尾"，双击视频，点击源视频窗口下方的"插入"按钮，将其插入光标所在的位置，如图 5-2-14 所示。

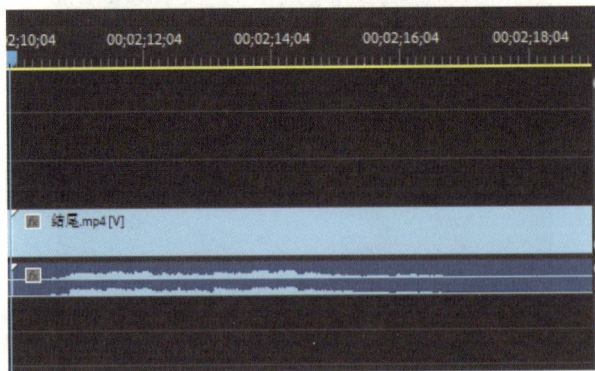

图 5-2-14　插入素材"结尾"

⑯点击时间线视频轨道 1 前面的锁定键，锁定视频轨道 1，如图 5-2-15 所示。

图 5-2-15　锁定视频轨道 1

⑰将光标放在 00：00：08：06 的位置，从"项目"面板导入素材"插片 1"，在源面板上点击"仅拖动视频"，将其放入在光标所在的位置，如图 5-2-16 所示。

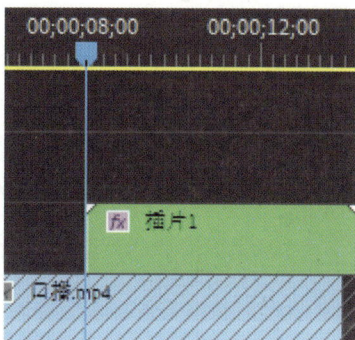

图 5-2-16　点击"仅拖动视频"，导入素材"插片 1"

⑱将光标放在 14 秒的位置，分别从素材箱中找到素材，点击"仅插入视频"分别插入相应素材，如图 5-2-17 所示。

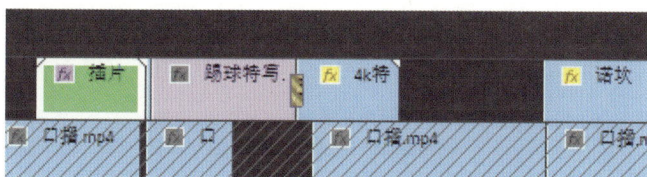

图 5-2-17　点击"仅插入视频"，插入素材

⑲将时间线视频轨道 2 所需素材放置好之后，锁定视频轨道 2，如图 5-2-18 所示。

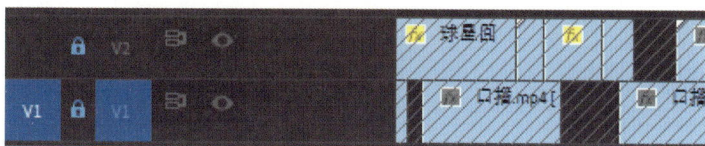

图 5-2-18　锁定视频轨道 2

⑳将光标放在 00：01：12：00 的位置，从"项目"面板导入素材"诺坎普"，在源视频面板上进行剪切之后导入视频轨道 3，如图 5-2-19 所示。

图 5-2-19　将素材导入视频轨道 3

㉑将光标放在 00∶01∶15∶00 的位置，从素材箱找到素材"日本"，依次按步骤⑳的方法导入视频轨道 4，如图 5-2-20 所示。

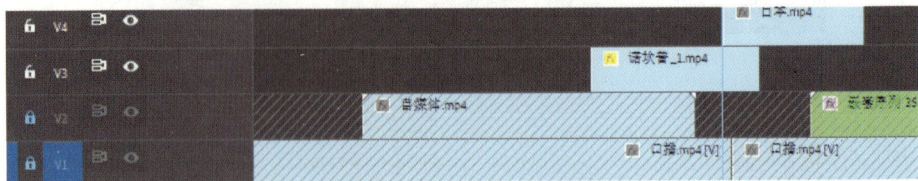

图 5-2-20　将素材导入视频轨道 4

㉒将所有轨道的锁打开，拖动鼠标框选所有内容，点击鼠标右键"嵌套"，打开"嵌套序列名称"对话框，取名"成片 1"，如图 5-2-21 所示。

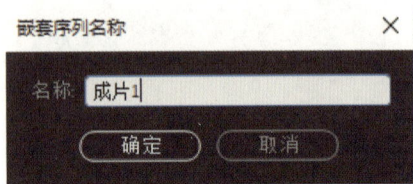

图 5-2-21　打开"嵌套序列名称"对话框

2. 图片模板制作

①在文件夹中找到"球星模板"，打开"球员照片"工程。

②点击"导入"，从"项目"面板导入"照片"文件夹中"运动员"的图片，如图 5-2-22 所示。

图 5-2-22　点击"导入"，导入图片

③双击时间线视频轨道 2 的嵌套文件，如图 5-2-23 所示。

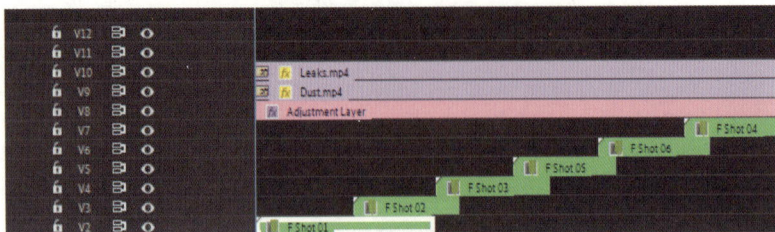

图 5-2-23　双击视频轨道 2 的嵌套文件

④单击选择素材面板上的"球员照片 1"。

⑤单击视频轨道 5 文件，右击选择"使用剪辑替换"→"从素材箱"替换图片，如图 5-2-24 所示。

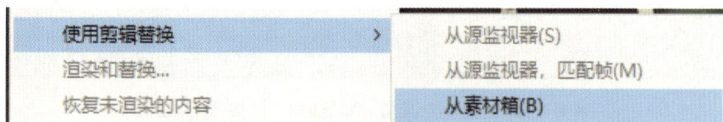

图 5-2-24 选择"从素材箱"，替换图片

⑥点击"效果控件"面板的"缩放"，将图片缩放到合适的大小。

⑦在"效果控件"面板的"位置"设定第一个关键帧数值为"－814.0，535.5"，如图 5-2-25所示；在"旋转"同样位置设定第一个关键帧数值为"－60°"，如图 5-2-26 所示。

图 5-2-25 "位置"的关键帧设置

图 5-2-26 "旋转"的关键帧设置

⑧在"效果控件"面板的"位置"设定第二个关键帧数值为"960，540"；在"旋转"同样位置设定第二个关键帧数值为"－8.3°"。

⑨框选前两项所有关键帧，单击鼠标右键，选择"临时插值"→"连续贝塞尔曲线"，如图 5-2-27 所示。

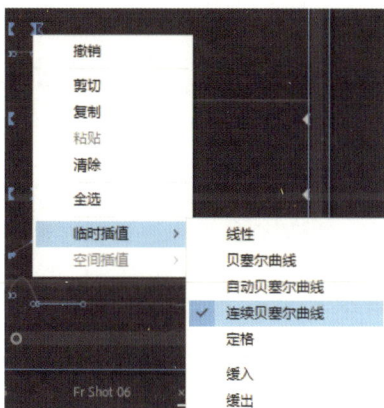

图 5-2-27 选择"连续贝塞尔曲线"

⑩在"缩放"和"旋转"结尾处分别设置"关键帧"，设定数值分别为"89.9，0.0°"，如图 5-2-28 所示。

图 5-2-28　设定"缩放"和"旋转"的关键帧数值

⑪双击时间线视频轨道 4 的嵌套文件，打开后将视频轨道 1 的图片替换掉。单击鼠标右键"使用剪辑替换"→"从素材箱"，进行剪辑替换设置，如图 5-2-29 所示。点击"效果控件"面板的"缩放"，将图片缩放到合适大小。

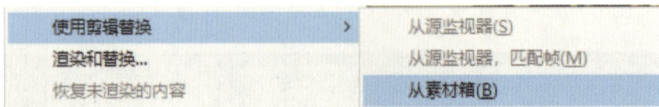

图 5-2-29　剪辑替换设置

⑫对于视频轨道 1，2，3 上的嵌套文件，依次按照步骤⑪修改即可。"F SHOT 01"嵌套文件完成。

⑬其他嵌套文件的修改流程参照上述 1～11 步骤即可完成，如图 5-2-30 所示。

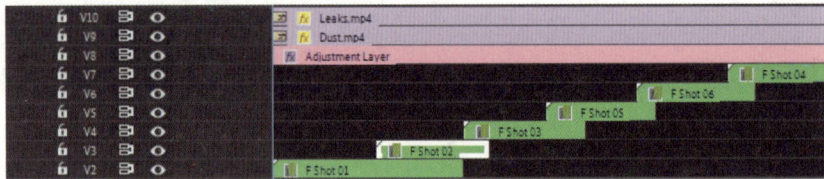

图 5-2-30　处理嵌套文件

⑭ 调整嵌套文件的长度以及在"时间线"面板上的排列，生成视频，命名为"回顾照片"。

三、短视频的包装技巧和上传发布

短视频包装涉及一些效果控件的使用、字幕的设计以及音乐音效的叠加使用等。这些元素的使用使短视频的形式更加丰富，内容更加完整，观看性更强。

（一）短视频的效果制作

视频效果是针对视频本身做的一些性能改变。在"效果控件"面板上打开"视频效果"可以看到许多类型的效果。我们将对视频做调色、缩放、裁剪、移动等效果调整。

①打开"成片 1"嵌套文件，将光标拖动到"口播"视频的 00：00：03：19 位置。在

"效果控件"面板的"缩放"中设定第一个关键帧数值，拖动到合适位置设定第二个关键帧数值，如图 5-3-1 所示。

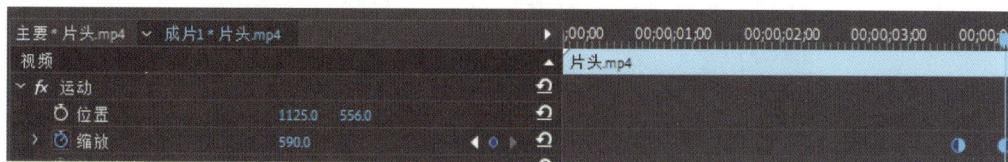

图 5-3-1　设定嵌套文件的关键帧数值

②点击鼠标框选两个关键帧，点击鼠标右键选择"自动贝塞尔曲线"选项，如图 5-3-2所示。

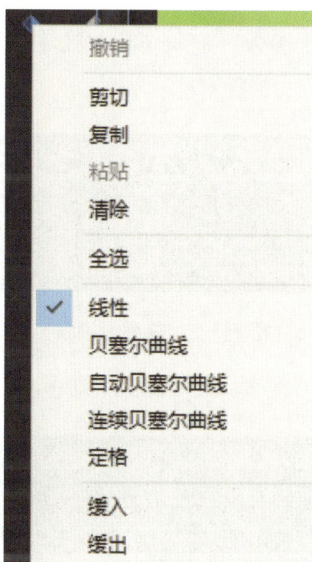

图 5-3-2　选择"自动贝塞尔曲线"选项

③打开"口播"视频，在"效果控件"面板的"缩放"中设定第一个关键帧数值，拖到合适位置设定第二个关键帧数值，如图 5-3-3 所示。

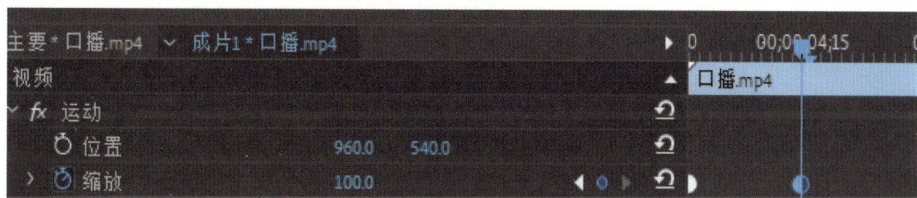

图 5-3-3　设定"口播"视频的关键帧数值

④点击"插片 1"嵌套视频，打开"效果控件"面板的"视频效果"，将"颜色校正"中的"Lumetri 颜色"拖到"插片 1"视频上，进行颜色校正，如图 5-3-4 所示。

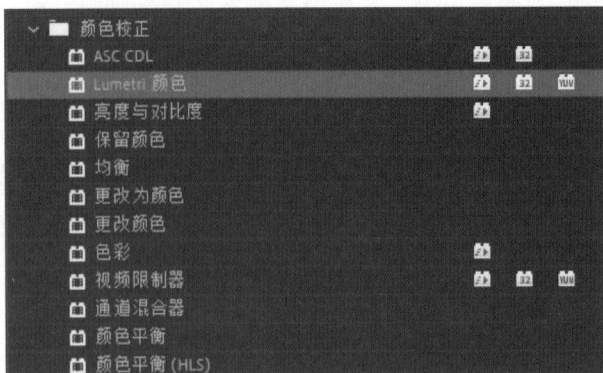

图 5-3-4　Lumetri 颜色校正

⑤在"效果控件"面板上修改参数。打开"基本校正"中的"白平衡"，调整"色温"为54.7，"色彩"为－57.2，如图 5-3-5 所示。

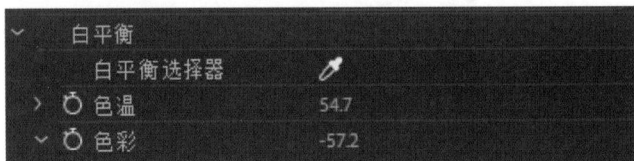

图 5-3-5　白平衡设置

⑥打开"色调"，调整"高光"为 20.0，"阴影"为－24.0，如图 5-3-6 所示。

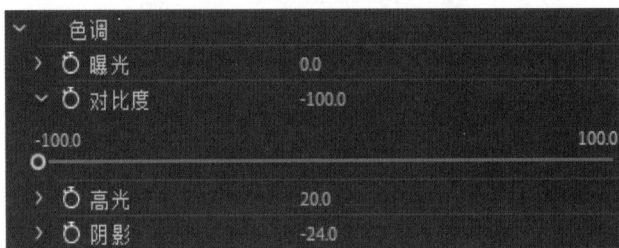

图 5-3-6　色调设置

⑦调整"饱和度"，设定数值为 37.0，如图 5-3-7 所示。

图 5-3-7　饱和度设置

⑧选择"效果控件"面板的"视频过渡"→"溶解"→"交叉溶解"，在以下两个视频之间加入"交叉溶解"效果，如图 5-3-8 所示。

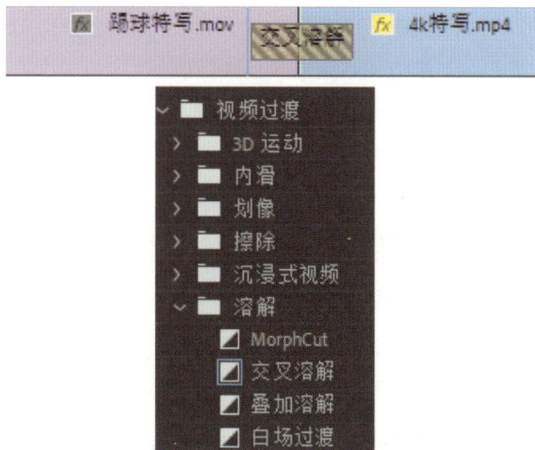

图 5-3-8　交叉溶解设置

⑨单击"球星回顾"视频，在"工具栏"打开"波纹编辑工具"下的"比率拉伸工具"或者按快捷键 R，如图 5-3-9 所示，拖动"球星回顾"视频到 212.96％的比率。

图 5-3-9　比率拉伸工具

⑩将光标拖动到 1 分 12 秒的位置，单击视频"诺坎普 1"，打开"效果控件"面板的"缩放"，将数值调整为 301.0，调整"不透明度"关键帧，如图 5-3-10 所示。

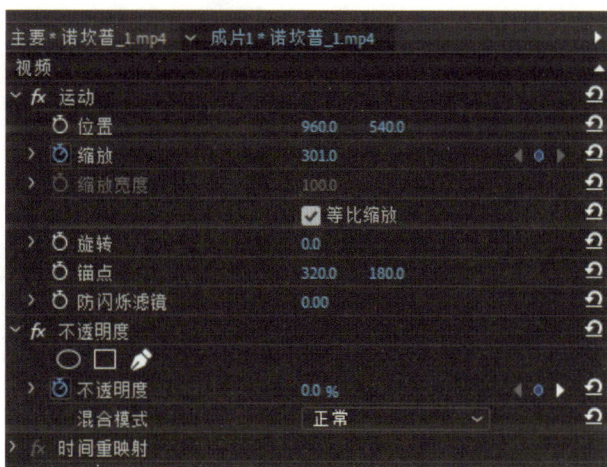

图 5-3-10　不透明度设置

⑪用鼠标单击"插片 1"，点击右键"复制"，框选 00：01：17：00 的两段视频"嵌套序列 35"和"球迷"。如图 5-3-11 所示，点击右键"粘贴属性"，将"插片 1"的效果复制给"嵌套序列 35"和"球迷"。

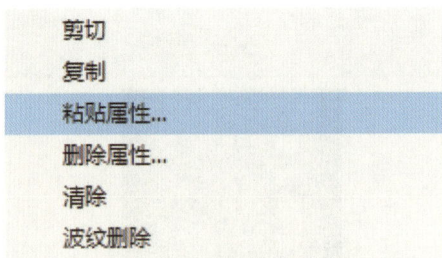

图 5-3-11 粘贴属性设置

⑫打开"球迷"嵌套文件，单击视频轨道 3 上的视频，打开"视频效果"选项，在"变换"中找到"裁剪"，点击并将其拖到视频轨道 3 上，如图 5-3-12 所示。

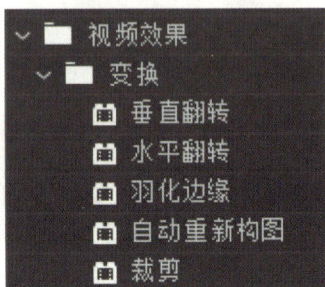

图 5-3-12 "视频效果"选项

⑬在"效果控件"面板上调整"裁剪"数值：左侧为 13.0％，右侧为 8.0％，如图 5-3-13所示。

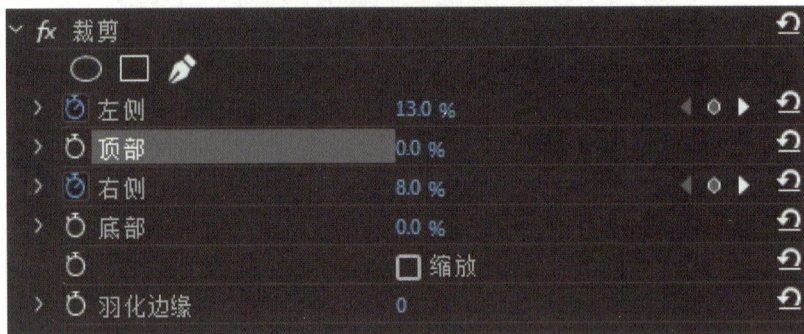

图 5-3-13 设置裁剪效果

⑭调整"缩放"效果，设定第一个关键帧数值为 266.0，设定第二个关键帧数值为 198.0。在"旋转"效果中设定第一个关键帧数值为 0.0°，设定第二个关键帧数值为 9.4°。将"瞄点"设定为 480.0，216.0，如图 5-3-14 所示。

(二) 短视频的音频制作

音频包装包括对声音的一些特殊效果处理和拟音效果的使用，成为增强短视频包

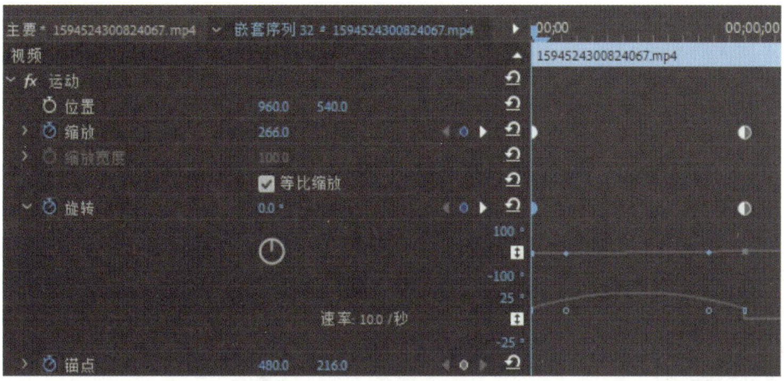

图 5-3-14　设置旋转效果

装必不可少的技术手段。以《青春十年》视频为例，给其添加拟音＋背景音乐的包装制作。

①将光标放置在片头的位置，在素材箱中双击素材"日本"，在源面板下方点击"仅拖动音频"，将音频放在音频轨道 3 的光标处，如图 5-3-15 所示。

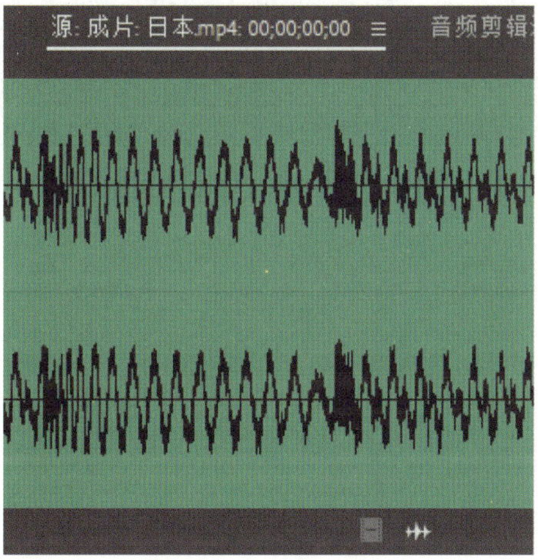

图 5-3-15　导入音频

②点击鼠标右键，在弹出的"音频增益"对话框中，调整增益值为 0，如图 5-3-16 所示。

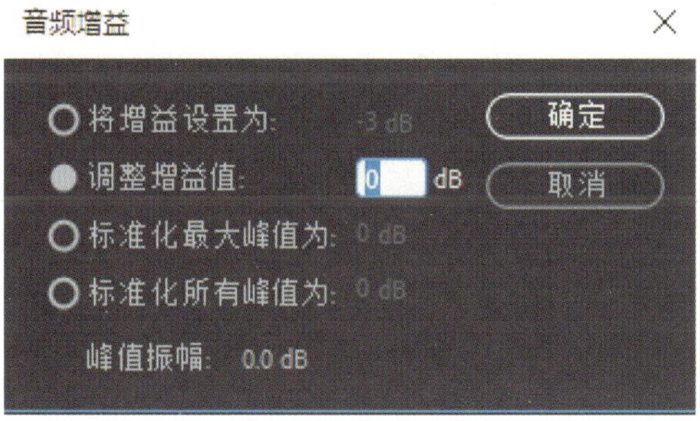

图 5-3-16　调整增益值

③对上述音频进行复制，分别在 00：00：35：21，00：01：09：00，00：01：46：00 的位置进行"粘贴"。

④将光标移动到 00：01：43：00 的位置，拖动素材箱音频文件"相机声音"，并将其添加到这个位置。

⑤框选"口播"的全部音频，单击鼠标右键"音频增益"，在打开的对话框中将增益值设置为 10dB。这个数值的调整是参考下方"峰值振幅"：如果振幅为负数，那么增益设置为正数，数值上下和峰值数接近就可以，如图 5-3-17 所示。

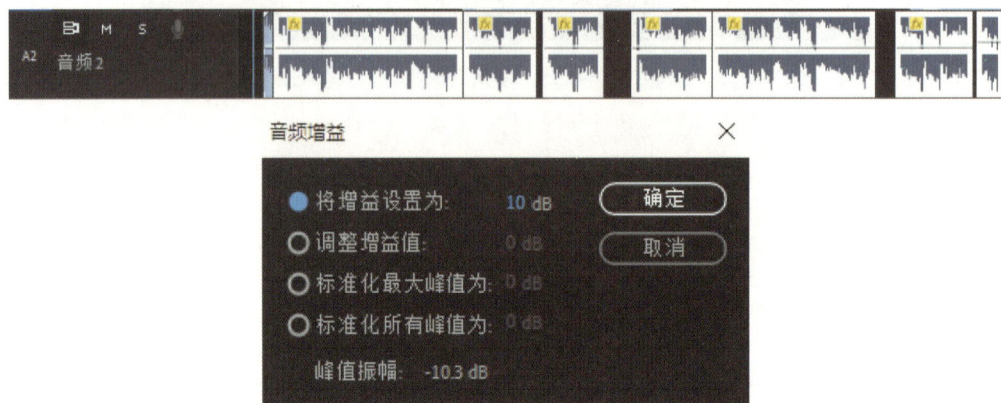

图 5-3-17　参考"峰值振幅"设置增益值

(三)短视频的字幕设计

字幕是短视频包装必不可少的元素。以《青春十年》视频为例，为其添加对白字幕以及中间的一些导语制作。

①点击"文件"→"新建"→"旧版标题"，如图 5-3-18 所示，确定字幕名称为"字幕 11"。

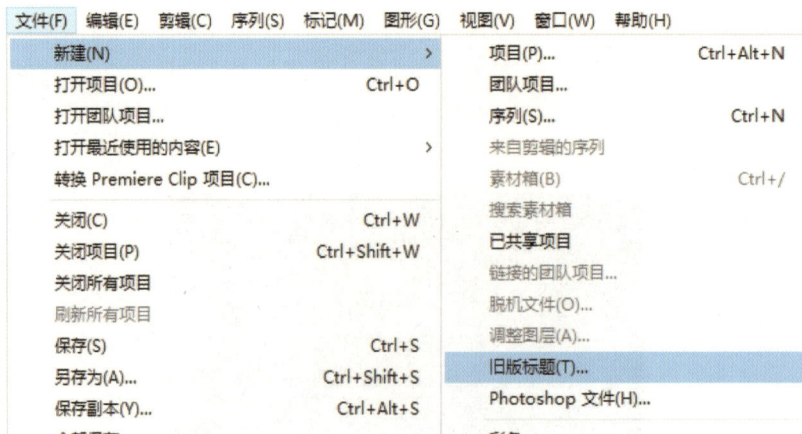

图 5-3-18　新建旧版标题

②在左侧选择横版字幕框，输入字幕"巴萨的忠实球迷"，如图 5-3-19 所示。

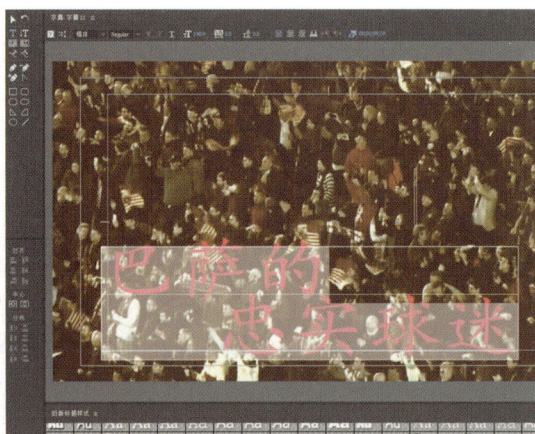

图 5-3-19　输入字幕

③框选字幕，在"旧版标题属性"栏选择"字体大小""颜色"等选项，如图 5-3-20 所示。

图 5-3-20　旧版标题属性设置

④关闭"旧版标题"窗口，字幕自动保存到素材箱中，如图 5-3-21 所示。

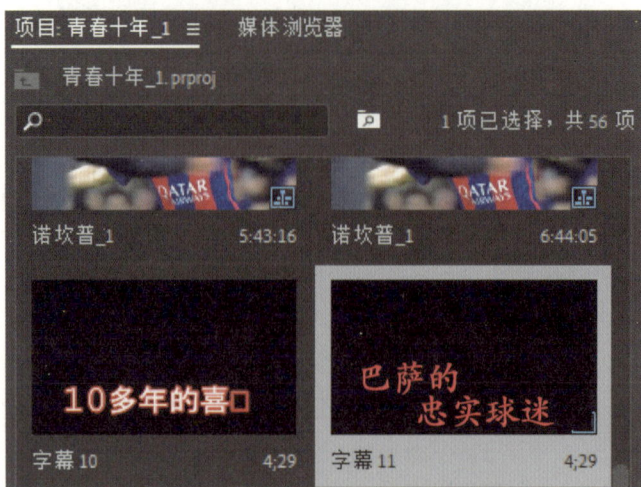

图 5-3-21　字幕自动保存到素材箱

⑤拖动素材箱"字幕 11"，将其放置在 00：00：08：07 的位置，并调整字幕的长度直到合适，如图 5-3-22 所示。

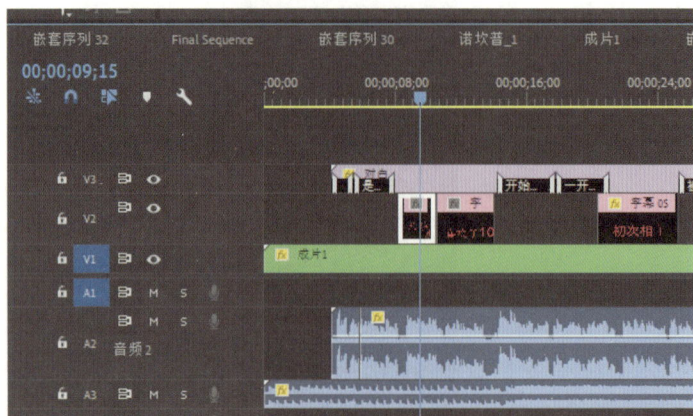

图 5-3-22　调整字幕的长度

⑥之后依次按以上步骤制作字幕，如图 5-3-23 所示。

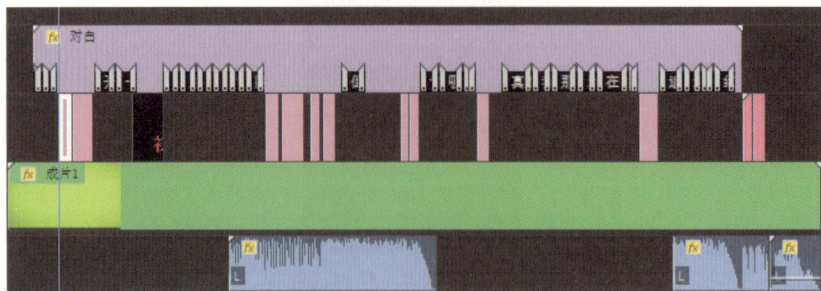

图 5-3-23　依次制作字幕

⑦将光标放在00：01：48：00的位置，用鼠标点击上方"图形"菜单，在"基本图形"中找到默认图形"游戏下方三分之一靠左"，将其拖到光标所在的位置，如图5-3-24所示。

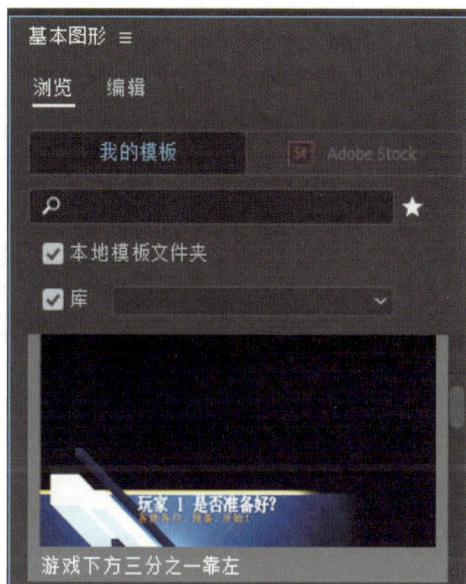

图 5-3-24　基本图形设置

⑧双击"游戏下方三分之一靠左"图形，将文本标题改为"这是我和红蓝巴萨的十年"，保持其他属性不变，如图5-3-25所示。

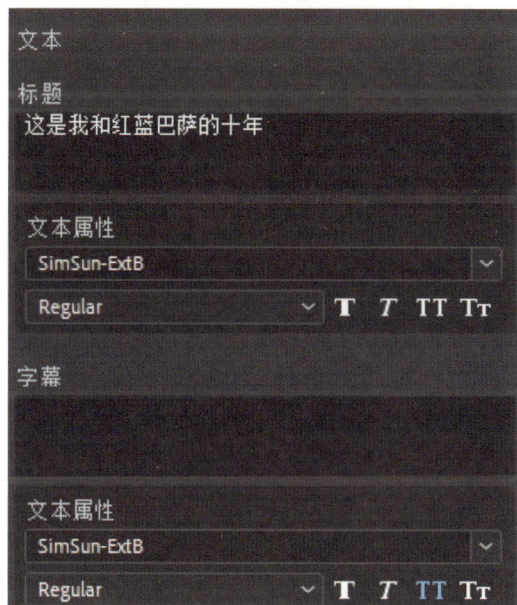

图 5-3-25　更改标题

⑨在"设置样式"中对颜色进行调整，如图5-3-26所示。

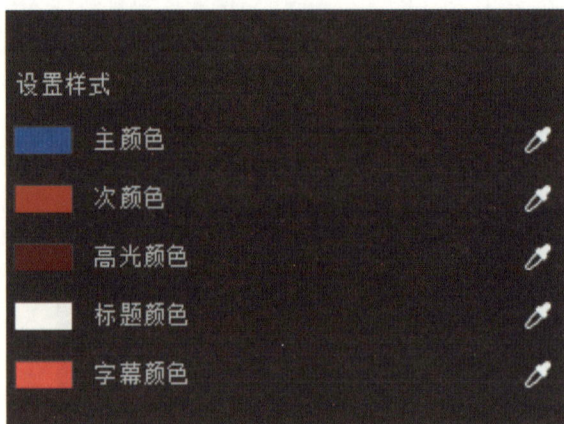

图 5-3-26　调整颜色

⑩选择菜单命令"文件"→"新建"→"字幕"，如图5-3-27所示。

图 5-3-27　新建字幕

⑪打开"新建字幕"对话框，选择"开放式字幕"，点击"确定"按钮保存，如图 5-3-28 所示。

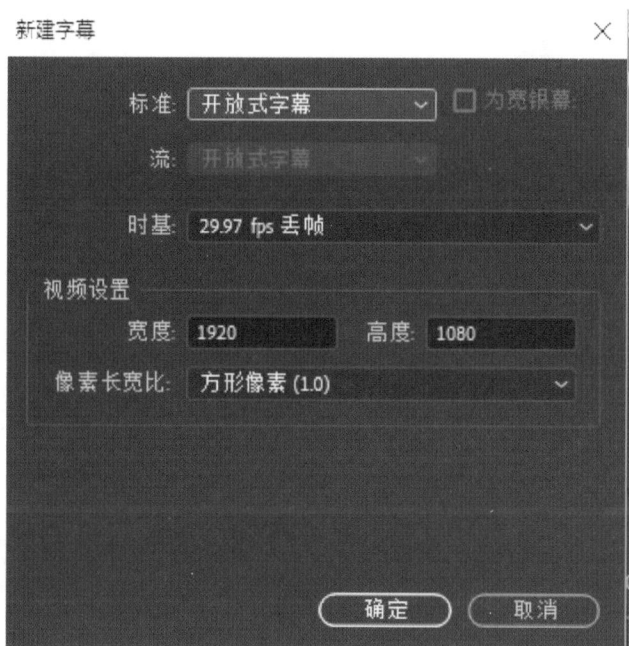

图 5-3-28　新建开放式字幕

⑫ 在"字幕"栏显示的空白处输入对白，如图 5-3-29 所示。

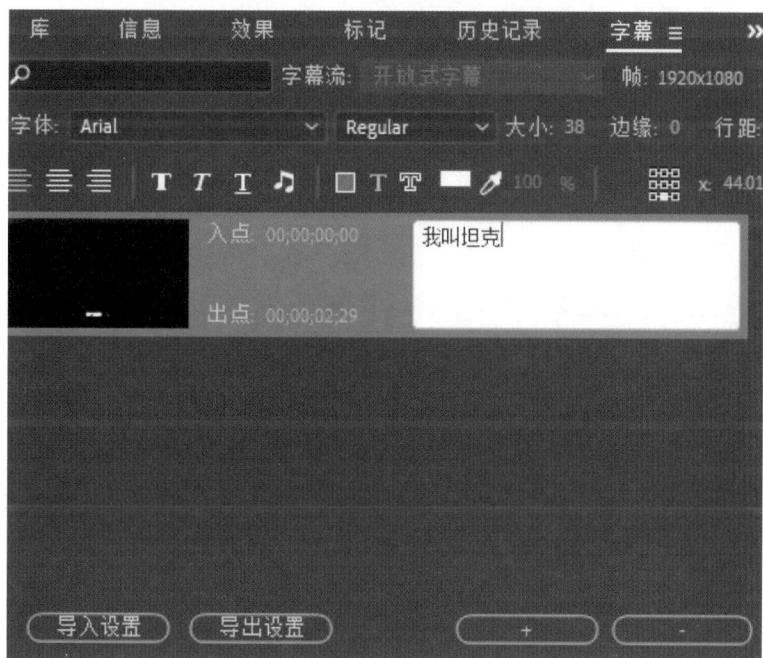

图 5-3-29　在"字幕"栏输入对白

⑬选择字幕的字体、颜色等，将背景的透明度调整为 0，将字体调整为"楷体"，将大小数值调整为 50，并将字幕放在屏幕上的合适位置，如图 5-3-30 所示。

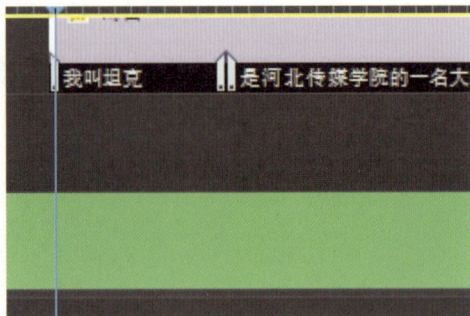

图 5-3-30　调整字幕字体样式

⑭ 点击字幕框下方的"＋"键，按顺序弹出下一个空白栏，根据同期声输入需要的字幕。

⑮ 将全部对白输入完成之后，在"时间线"面板上调整字幕位置，如图 5-3-31 所示。

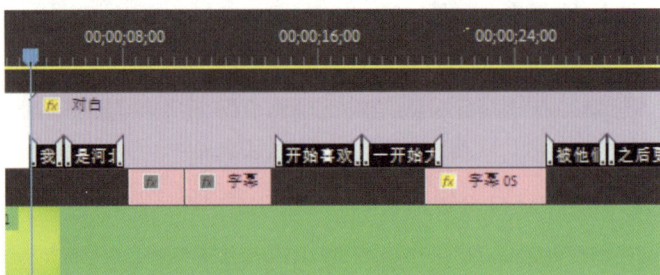

图 5-3-31　调整字幕位置

⑯点击鼠标，选中"时间线"面板上的所有元素，点击右键"嵌套"，取名为"成片"。

(四)短视频上传格式的设定

我们根据视频的用途来对短视频进行格式的设定。

①将光标放在完整版视频的第一帧，打"标记入点(I)"，如图 5-3-32 所示。

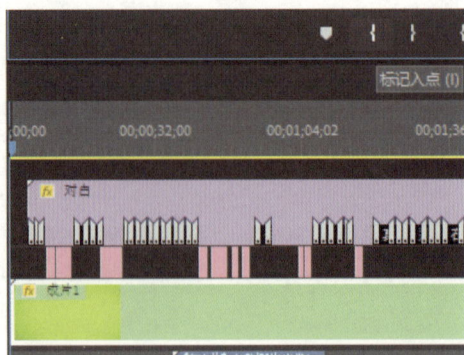

图 5-3-32　打标记入点

②最后一帧打"标记出点(O)"，整个视频的长度为 2 分 10 秒，如图 5-3-33 所示。

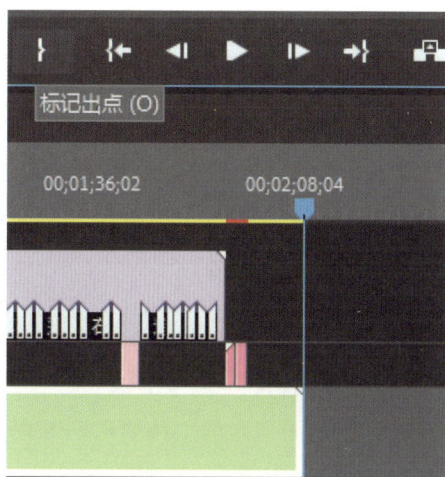

图 5-3-33　标记出点

③选择菜单命令"文件"→"导出"→"媒体"，如图 5-3-34 所示。

图 5-3-34　导出媒体

④在"导出设置"选项中选择"H.264"，如图 5-3-35 所示，输出名称为"青春十年成片"，保存位置为"桌面短视频文件夹"。

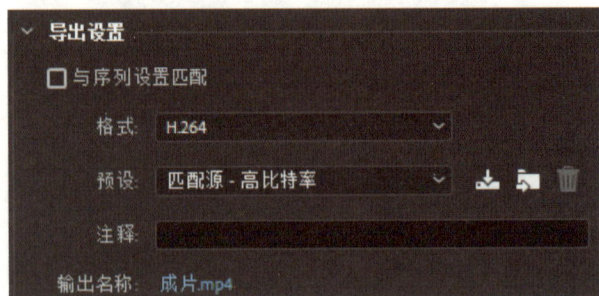

图 5-3-35　导出设置

⑤设置"比特率"大小，以符合不同平台的上传要求，如图 5-3-36 所示。

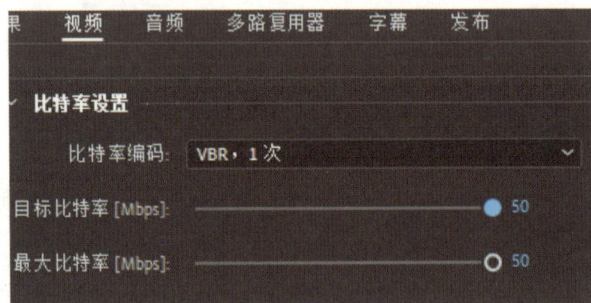

图 5-3-36　设置比特率的大小

⑥勾选"使用最高渲染质量"，可以看到整个文件大小为 780MB，点击"导出"进行文件输出，如图 5-3-37 所示。

图 5-3-37　导出文件